人生にお金はいくら必要か

〈増補改訂版〉

山崎元＋岩城みずほ

東洋経済新報社

まえがき

老後資金の問題には答えがあるのに！

これが、著者たち（以下「われわれ」）が本書『増補改訂版　人生にお金はいくら必要か』を世に出すにあたっての心の声です。

２０１９年6月に金融審議会の報告書が発表され、「老後に２０００万円必要だ」という試算の数字が大きく取り上げられて、大騒ぎになりました。この問題の本質については、序章で詳しくご説明しますが、われわれは、報告書が出た直後にも、また問題が妙な方向に飛び火して大きくなった後にも、本書の旧版『人生にお金はいくら必要か』で詳しく紹介した**「人生設計の基本公式」を教えることが、すべての人にとってこの問題の答えになるはずだと強く思いました。**

率直に言うと、報告書の代わりに、われわれの本を配ってくれた方が、どんなに人々の役に立ったろうかと悔しい思いをしたのです。

すべての人にとって必要なお金の知識は、他人の平均値にもとづく老後資金の目処ではなくて、自分の数字で必要額を計算する方法です。「やり方を教えること」こそが、唯一の有効な方法であり、同時に人として望ましい親切でもあります。ものの喩えとして、「魚をくれてやることよりも、魚の釣り方を教えることこそが、真の親切だ」とよく言われますが、お金の問題についても同様のことが言えます。

また、われわれは、過去3年にわたって人生設計の基本公式を各方面に紹介し、また、実際にお金に関するコンサルティングに使用してきました。そのたびに感じたのは、「このシンプルな式は使える！」ということです。

いささか手前味噌になりますが、特に、コンサルティングする人だけではなく、問題を解決したい「本人が」、何度も、何度も、自分で数字を計算しながら、お金の人生設計を修正して、実行に移せる点が優れているように思います。

一方、旧著を上梓した後に、つみたてＮＩＳＡのような新しい制度がスタートしたこともあり、新たに伝えたい内容がたまってきました。また、コンサルティングのケースを積み重ねることで、公式の使い方のコツや使用者が疑問を感じやすい点が分かってきました。

主な改訂点と共に本書の構成をご説明します。

新たに設けた序章では、「老後資金2000万円問題」に関してどう理解すべきなのかについて、詳しく解説します。加えて、本書の中核である人生設計の基本公式がこの問題をどう解決するのかをご説明します。

そして、第1章および第2章では人生設計の基本公式とその使い方について、典型的な使用例を複数交えながら、分かりやすく、詳しく、ご説明します。**特に、公式の使用にあたってご質問が多く、また老後資金2000万円問題から生じた心配を解消するためにも重要な、将来の年金額の推計方法について説明と情報を加えたことは、今回の改訂の大きなポイントの一つです。**

また、老後の資産寿命を延ばすために割り当てるべき正しい方法は、老後における資産の計画的な取崩しです。今回の改訂では、**老後の資産の適正な取崩し額を求める「老後設計の基本公式」も追加でご紹介することにしました。**

最後の第3章では、計画的な貯蓄で貯まったお金を適切に運用する方法をご紹介します。正しい運用の方法の根幹部分については旧著の内容に何ら変更の必要性はありませんでしたが、2018年につみたてNISAという利用し甲斐のある新制度が登場したことや、その後の運用のコンサルティングなどで得た運用のコツなど、有用な知識を幾つか追加します。

人生におけるお金のハンドリングは、その人なりに稼いだ上で、(1)計画的に貯蓄し、(2)貯まった資産を適切に運用し、(3)資産を計画的に取り崩すことでおおよそ解決できます。それぞれについて、自分自身で使いこなすことができる「方法」を持つことが大切ですが、本書がそのお役に立つことをわれわれは確信しています。

目次

必要な貯蓄額を計算する①【ステップ1】

序章

「老後資金2000万円問題」を正しく理解する10のポイント

２０１９年の6月に、金融審議会・市場ワーキング・グループによる「高齢社会における資産形成・管理」（令和元年6月3日付）と題する報告書が、大きく取り上げられて、連日話題になりました。いわゆる「炎上」とはこういう状態を呼ぶのかと思うような大騒ぎでした。

この問題に関して、「取り上げられ方が下らなくて、うんざりした」と思われた読者が多数いらっしゃったのではないでしょうか。そうした方々は、おそらくポイントを正しく理解されています。本書もその見方に１００％賛成します。

とはいえ、高齢期のための資産形成と管理は多くの人にとって重要なテーマです。以下、この問題の何が問題だったのか、また、その問題を踏まえた上で個人はどうしたらいいのかについて、10項目に整理してみました。

（1）「報告書」そのものはそれほど悪くなかった

まず、問題とされた報告書自体に大きな問題はありませんでした。中学生程度の国語力がある人が丁寧に読むと、「２０００万円」は単なる試算結果であって、報告書がこれを作れと脅したり強制したりする内容ではありませんでしたし、まして、公的年金が破綻するなどとはどこにも書いていないことが分かったはずです。老後に備えて計画的に資産を形成し管理することが大事だと言うだけの常識的な内容が書かれたものでした。

あらためて振り返ると、**この問題が「炎上」に至った原因は、ほぼ100%麻生太郎財務大臣の対応の拙さにあったと思います。**

丁寧に説明するなら特段の問題のない報告書を、「表現が不適切だった」と切り捨てたことがそれこそ不適切でした。

また、どこがどのように不適切なのかを説明しなかったことで、報告書全体が不適切な内容であるかのように受け取られたことも混乱に拍車を掛けました。どの内容がどう不適切なのか曖昧なまま報告書が正しくないものとされたことは、今後の政策推進の障害になる可能性が懸念されます。

おまけに、自らが諮問したはずの審議会の報告書を、正式なものとして受け取らないという態度は担当大臣の振るまいとして非礼かつ非常識なものでした。

それにしても、報告書をまとめた担当者たちを含めてこの問題の不本意な対応に追われる金融庁の役人さんたちは気の毒でした。また、報告書を「不適切」と決めつけられた審議会の有識者たちも腹を立ててもよかったのではないでしょうか。

「炎上」の直接的な原因は麻生大臣だったと結論しておきます。

もっとも、麻生大臣の答弁には官僚や与党が関わっているはずですし、あれだけ問題が大きくなった後には、首相官邸も無関心ではなかったはずです。問題のいずれかの段階から、麻生氏が集中的に悪役になることで別の問題への飛び火を防ごうとしたのではないかといった推測も可能かと思います。

別の問題があったのか、あったとして何だったのか、真相は分かりませんが、参議院選挙の前という時期と、過去と同様であれば発表されているはずの年金財政の検証（2019年8月に公表されました）の公表を遅らせたことを思うと、安倍政権は年金について詳しく突っ込まれるのが嫌だったのかもしれません。

（2）報告書の構成は金融広告に似ていた

さて、問題の報告書ですが、大まかな内容と構成を振り返っておきましょう。

報告書は、まず「1．現状整理（高齢社会を取り巻く環境変化）」で、高齢社会を取り巻く環境変化について整理します。

人口の長寿化、認知症の人の増加などを確認したのちに問題の「収入・支出の状況」のデータが紹介されます。

この中で、家計調査をもとに「高齢夫婦無職世帯の平均的な姿で見ると、毎月の赤字額は約5万円となっている」（報告書10ページ）とあり、これをもとに「収入と支出の差である不足額約5万円が毎月発生する場合には、20年で約1300万円、30年で約2000万円の取崩しが必要になる」（同16ページ）、という試算が紹介されていて、この箇所がゆがめて取り上げられました。

平均に基づく試算を一つだけ取り上げたのは正直なところ少々雑な分析ですが、一例としての試算に過ぎないことは文脈上明らかです。誰もが2000万円なければ困るとも、公的年金はあてにならないとも書かれてはいません。

2000万円については、「この数字は一例に過ぎません。人によって数字が異なることは当然であります。報告書を丁寧にお読み下さい」とでも説明しておいたなら、これ以上突っ込みようがなかったはずでした。

また、公的年金について２００４年の制度改正の際に登場した「１００年安心」というキャッチフレーズは、年金財政が将来破綻しないことを指しているのであって、「普通の人は年金だけで老後を暮らせる」という意味ではありません。「１００年安心は嘘だったのか。詐欺まがいだ」と政府を糺《ただ》した人たちの追及はお門違いだったのですが、それに正面から答えずに、「誤解を招く表現があった」と逃げたのがよくありませんでした。誤解は誤解なのだと説明すべきでした。どうやら答える側にその点の理解がなかったことが残念でした。

さて、報告書は次に「２．基本的な視点と考え方」として、「（１）長寿化に伴い、資産寿命を延ばすことが必要」、「（２）ライフスタイル等の多様化により個々人のニーズは様々」、「（３）公的年金の受給に加えた生活水準を上げるための行動」、「（４）認知・判断能力の低下は誰にでも起こりうる」、の４つの項目を立てて、高齢者の資産形成・管理にあたっての問題点を指摘します。

そして、前記の問題指摘に対する対応策が「３．考えられる対応」として続き、「（１）個々人にとっての資産の形成・管理での心構え」、「（２）金融サービスのあり方」、「（３）環境整備　ア．資産形成・資産承継制度の充実　イ．金融リテラシーの向上　ウ．

アドバイザーの充実　エ．高齢顧客保護のあり方」と項目が立てられています。個々の項目の説明は省略しますが、書いてある注意や提言は概ね常識的です。

加えて、報告書には、挨拶文が書かれた「おわりに」の後に、「【付属文書1】高齢社会における資産の形成・管理での心構え」、「【付属文書2】高齢社会における金融サービスのあり方」と題された文書が2つ付いています。

特に、【付属文書1】は、個々人がどうしたらいいのかについてアドバイスが書かれた文書で、この種の審議会の報告書には珍しい親切なものです。

報告書全体を通して読むと、物足りない点はいくつかありますが、概ね常識的で前向きな内容であり、「不適切だ」と決めつけられて、「炎上」するような内容のものではありません。

ただし、ここでわざわざ報告書全体の構成を紹介したことには理由があります。

実は、(A)「人生100年時代」などと言って長寿化を指摘し→(B)「資産寿命」が生物寿命より前に尽きる場合を心配させて→(C)資産形成のための「投資」の必要性を説き→(D)「運用商品」の勧めに至る、というパターンが近年の運用商品マーケティングでは多用されています。

報告書の構成はこの（A）から（C）までの流れに印象が近いのです。

実は報告書が出てすぐに心配だったのは、「この報告書は、金融商品のマーケティングに徹底的に利用されるだろう」ということでした。そして、その予想は、麻生大臣が結果的に「炎上マーケティング」を盛大に盛り上げたことで、思った以上の規模で実現しつつあります。

ちなみに、報告書発表翌日の『東京新聞』が報告書を紹介した記事の見出しを並べると、「細る老後資金『自助』の時代に？」、「金融庁審議会報告　公助限界『資産運用を』」、「年金頼みだと毎月5万5000円不足」となっています。

金融ビジネス側から見ると、狙い通りの反応でした。

（3）警戒すべき4ワード

金融マーケティングとの関連では、報告書にいくつか気になる表現がありました。

「人生100年時代」、「資産寿命」、「多様なニーズ・多様な商品」、「ワンストップ・サービス」の4つには特に警戒が必要だと思われます。この種の言葉が出ている金融商品やサービスの広告には大いに気をつけていただきたいと思います。

まず、「人生100年時代」は、現在、金融機関が大好きな言葉です。寿命が延びていることを強調し、老後のお金が足りなくなることへの不安を喚起できる都合のいいキャッチフレーズなのです。まず、不安を喚起して、それから解決策のイメージで商品を売り込むのは利幅の大きな商品のマーケティングにあっては常道です。「人生100年時代」という言葉が載っている金融商品やサービスの広告があれば、疑ってみるのがいいでしょう。

「資産寿命」は、人生100年時代とセットで使われやすい言葉です。合わせて使うと老後のお金の不安を強く喚起します。筆者は、ある大手証券のとても老後の資金運用には向かない投資信託の広告でこの言葉を見たことがあったのですが、金融審議会の報告書にこの言葉を見つけて、大いに驚きました。

「多様なニーズ・多様な商品」は、一見良さそうな話に思えますが、お金の運用に対する「ニーズ」は、誰にとっても、適正なリスクの下にもっとも効率良くお金を増やすことだけです。**人の置かれた状況や人のタイプによって、選択すべき運用商品が多様に変化するというようなことはありません。**お金を運用する人の属性や好みによって適切な運用商品が変わるというイメージは、金融ビジネスの側が顧客に手数料の高い商品を買わせるためにばらまいているフィクションです。**現実には、選ぶに値する運用商品はせいぜい数個であり、世にある運用商品のほとんどが「誰にとっても」不要かつ不適切なのです。**

この点を考えるにあたっては、「リスクの大きさは、運用商品の種類ではなく、リスク資産への配分金額で調節するといい」ということが、盲点になりやすいと申し上げておきます。

富裕であるか否か、初心者かベテランか、若いか高齢かにかかわらず、もっとも効率的な投資方法を選択することが適切です。投資家のタイプによる運用の差は、運用する金額の大きさと、その中でどれだけリスクを取った投資に資金を配分するかだけで十分です。選ぶべき運用商品は、投資家のタイプや、資金の将来の使い道によって異なるというイメージは捨てて下さい。

最後の「ワンストップ・サービス」とは、年金、住宅ローン、相続対策、保険、資産運用などのお金の問題を一箇所で解決できるサービスを指す言葉です。メガバンクなどの金融グループがしばしば使います。

便利で良さそうなイメージがあるのですが、実際には、医療の世界で言う「セカンド・オピニオン」から遮断されたような状態で営業攻勢をかけられるのが、その実態です。売り手側にとって都合のいい顧客の囲い込みを、さも顧客に便利なサービスであるかのように言い換えただけの言葉なので大いに警戒して下さい。

銀行や証券会社と取引している場合に、「お客様のニーズに合わせたコンサルティングやサービスの提供をするために、当社のグループ会社である銀行・証券・信託銀行などで、お客様の情報を共有させていただくことをご承認下さい」という趣旨の書類に署名捺印を求められることがありますが、けっして応じない方がいいと申し上げておきます。承認した場合には、複数のグループ会社から寄ってたかって手数料稼ぎのターゲットにされることになります。

報告書がワンストップ・サービスを良いもののように扱ったのは、おそらく金融機関系の委員の影響だろうと思いますが、金融グループの社員はこれを本気で顧客のためになるものだと思っているのでしょう。大変怖い思い込みです。顧客の側でつき合う必要はありません。

（4）公的年金は破綻しない

報告書の内容を公的年金への不安につなげて批判しようとした向きがありましたが、適切ではありません。

報告書には公的年金制度の持続性に疑問を呈する箇所は1つもありませんし、批判者が口にする「年金は100年安心」とは、年金財政の持続性が保たれることの表現であって、年金だけで個人の老後費用がすべて賄えることを指すものではない。「100年安心」を曲解して議論するのは不毛です。

公的年金は、加入者が自分のお金を積み立てておいて後から受け取る方式ではなく、将来の保険料と国庫負担それに積立金の取崩しを財源に年金が支給される仕組みなので、日本という国が連続性を持って続いている限り、将来支給額が実質的に縮むことはあってもポッキリと折れるように破綻することは考えにくいのです。

公的年金を運用するGPIF（年金積立金管理運用独立行政法人）の2018年度の「業務概況書」には、年金財政と積立金との関係について「年金給付の財源（財政検証で前提としている概ね100年間の平均）は、その年の保険料収入と国庫負担で9割程度が賄われており」との記述があります。実際には考えにくいことですが、ごく大まかには、積立金の運用が大失敗をしても、9割程度の年金給付が可能だということです。

また、年金の実質的な支給額が「マクロスライド方式」と呼ばれる方法で調整される予定であることは、2004年の年金制度改革以来公表されている事実であって、いま明らかにされた話ではありません。

年金給付の実質額は今後縮小していく可能性がありますし、世代間の有利・不利など、公的年金制度には嬉しくない面があるのは事実ですが、普通の人にとって、公的年金は老後の資金を支える重要な要素であり続けるでしょうし、「公的年金から離脱する」ことはたぶん得になりません。

では、年金に関して普通の個人はどうしたらいいのでしょうか。以下の3点を覚えておくといいと思います。

①年金保険料を払って、それが条件でもあるiDeCo（個人型確定拠出年金）などを積極的に利用する方が「得」だ。

②将来の年金額を計算に入れて計画的に人生設計を考えるべきだ。
③公的年金は終身支給されるので「長生きのリスク」への保険として有効活用したい。

なお、お金の人生設計にあって重要な要素である将来の年金額の想定方法については、第2章で詳しくご説明します。

（5）2000万円が必要かどうかは人による

例えば、今後の現役時代を通じた平均的な手取り年収が360万円（一月あたり30万円）で、現在年収一年分の360万円の金融資産を持っている35歳のサラリーマンを想定してみましょう。

将来の年金額をやや厳しめに144万円と想定し、65歳まで現役で30年間働き、95歳までの30年間の老後期間を現役時代の支出の70％（総務省の家計調査を見るとおおよそこの水準です）で暮らすとするなら、本書の「人生設計の基本公式」で計算すると、この人は手取り収入の15・69％、月あたりで約4万7000円の貯蓄が必要で、現役時代を毎月約25万3000円、老後には毎月約17万7000円で暮らすことができる（注：計算はインフレ率＝賃金上昇率＝資産運用利回りの前提です）計算になります。

そうすると、この人はリタイア時点までに元本ベースで1694万円貯める計算になりますが、これにもともと持っていた360万円を合わせると、リタイア時点に持っていて老後の生活のために取り崩すことのできる金額は2054万円と計算されます。ただし、この金額には、介護施設に入所する一時金、遺産、葬式代などは含まれていません。実際にはもう少し持っている方が安心でしょう。

他方、サラリーマンは退職金があるかもしれないし、親等から受け継ぐ遺産があるかもしれません。他方で、子どもの教育費といった別途の支出要因があるかもしれません。

もちろん、この人よりも低所得・低支出な人はリタイア時に持っていたい金額がもう少し小さいでしょうし、逆に高所得・高支出な人は「2000万円ではとても足りない」と思うケースが多いでしょう。

いずれにしても、**報告書が示したような「平均」の数字ではなく、「自分の数字」で老後について計算してみることが重要です。**

報告書の最大の不備は、自分の数字で将来の計算をする方法を説明しなかったことにあると強く思わざるを得ません。

本書の大きな目的は、この不備をカバーすることにあります。

（6）働き方のプランが大事

仮に、先のサラリーマンが75歳まであと40年間働くとしましょう。想定寿命が95歳までなら老後期間は20年に短縮されます。他の条件を同一としても年金額は増えますので（60歳以降は70歳まで厚生年金被保険者とし、年金額は157万円とする）、必要貯蓄率を求めると7・92％に下がります。

長く働くことができると、その効果が大きいことが分かります。

一方、長く働くためには、仕事の能力と同時に自分の仕事を買ってくれる顧客が必要です。将来に向けて役に立つ能力を養うためにも時間がかかりますし、自分の仕事を買ってくれる顧客を作るためにも時間を要します。セカンド・キャリアについては、早いうちからの準備が必要です。一般的には、45歳くらいから考え始めることがいい

でしょう。セカンド・キャリアの選択肢を広く持つためには、早い段階から計画を持つことが重要です。

他方、結婚している方の場合、配偶者も働くことによって、生活をより豊かにすることができますし、夫婦合計の年金額も増やすことができる場合があります。人生にあっては、誰が、いつまで働くのかに関する計画が大事です。

（7）資産寿命は運用ではなく計画的取崩しで延ばす

直接的にそう言っているわけではありませんが、「資産寿命を延ばすために、リスクを取った資産運用を行うといい」という金融機関の商品広告にありがちな構成に見えた点は、今回の報告書が誤解されやすかった原因の一つでしょう。

しかし、はっきり言って、将来の運用益をあてにして、お金を使い過ぎてはいけません。資産の寿命を延ばすための手段としては、余裕を持った計画的な取崩しを割り当てるべきで、その点をわきまえることが重要です。本書でご説明する老後設計の基本公式を利用していただけたら、この問題を解決することができます。

個人は、仮に運用が失敗した場合に不足を埋めてくれる確定給付企業年金における母体企業のようなリスクに対するバッファーを持っていません。

したがって、「運用利回りＡ％を仮定して、毎年資産のＢ％を取り崩す」といった、将来の運用益をあてにした支出を行うことは危険なのですが、世間にこの種の試算が多いことはいささか心配です。

一方、取ってもいい範囲のリスクを取りながら、資産運用を行って資産を増やそうとすることは、悪いことではありません。

ただし、リスクを取った運用は、それを有利だと思う人が行えばいいことで、他人が強制すべきことではありません。もちろん運用には不確実性が伴いますし、例えば「長期投資なら、絶対に上手くいく」と言える信頼に足る根拠はありません。リスクを取った運用をするかどうかは、個々人が決める問題です。

本書は、リスクを取って運用することが（手段が適切であれば）「有利な資産形成につながるだろう」と考えていますが、その結論が絶対だとは思っていません。リスクを取る運用が嫌な人は、より多く稼ぐ算段をするなり、現役時代の支出を引き締めてより大きい金額の貯蓄を行ったりするといいのです。

いずれにせよ、**資産寿命を十分延ばすための手段は計画的な資産取崩しに、資産を有効活用して増やすためにはリスクを取った投資を、といった目的と手段の組み合わせが正しいことを知っておいて下さい。**

（8）税制上有利な制度を有効に利用しよう

報告書が「炎上」したことで、長期的な資産形成の有効性や将来に向けた個人の自助努力について話題にすること自体がはばかられるような、妙な雰囲気が拡がることが心配でしたが、霞ヶ関の官僚さんたちの世界はともかく、世間的には老後に向けた資産形成への関心が高まって、お金をテーマにしたセミナーなどが広く行われているようであり、今のところ騒動の影響は悪いことばかりではなさそうです。

さて、近年、金融庁は一般ＮＩＳＡ（少額投資非課税制度）、つみたてＮＩＳＡを設立し、厚生労働省は通称「ｉＤｅＣｏ」こと個人型確定拠出年金を拡充しました。いずれの制度も浸透しつつありますが、まだまだ普及への努力が必要です。

これらの制度は、いずれも個人の資産形成を税制面で後押しするものであり、利用することが有利でありかつ有効です。

先に、月収手取り30万円の35歳サラリーマンは毎月４万７０００円貯めると、おおよそ現在の支出と将来の生活費とのバランスが取れると計算してみましたが、この人の場合、掛け金の所得控除のメリットが大きなｉＤｅＣｏを上限の毎月２万３０００円まで利用し、残りの２万４０００円はつみたてＮＩＳＡの口座に積み立てるといいでしょう。

これらの制度は、資産形成の上で「有利なお金の置き場所」だと考えて、①なるべく大きく使うことと、②それぞれの場所に適した資産の運用を割り当てること、がポイントになります。

なお、35歳で健康な正社員サラリーマンは自分自身に大きな「人的資本」があるので、ｉＤｅＣｏ、つみたてＮＩＳＡなどの節税運用が可能な口座では、リスク資産に投資する運用商品で運用することが適切な場合が多いでしょう。

例えば、この人が今後65歳までの30年間毎年３６０万円ずつ稼ぐことができるのだとすると、この人の稼ぐ能力をあたかも株価のように現在の価値で評価すると数千万円はあると評価できるでしょう。このように評価できる自分自身の経済価値が「人的資本」です。この人的資本の存在を考えると、現在持っている金融資産である360万円は、ほぼ全額リスク資産に投資していい場合が多いでしょう。

本書の第3章でご説明する方法に従うなら、手持ちの金融資産は生活のための余裕資金を除いてほぼ全額国内外の株式のインデックスファンドに投資することで構いませんし、これからiDeCoやつみたてNISAで積み立てる資産も内外の株式のインデックスファンドでいいでしょう。

(9) 運用のコツは、「長期・分散・低コスト」

報告書は、その性質上、お金の運用方法の詳細には踏み込んでいません。ここまで話題になるのなら、金融庁が「このように運用するとよい」と思う方法を具体的に書き込むと良かったと思いますが、審議会の委員が多方面から集まっていて、異なるビジネス上の利害もあり、運用方法を一本にまとめることはできなかったのでしょう。

資産形成のための運用に特別なマジックはありません。そして、運用金額が大きくても小さくても、運用商品の選択も含めて、運用方法は同じでいいのです。

お金は、使い道を後から考えることもできますし、増えすぎて困ることはないし、大きな金額でも小さな金額でも同じ配分で同じ運用商品に投資すると、投資元本に対する収益率は同じになります。

つまり、誰でも最も効率が良いやり方で同じように運用するといいのです。人による違いは、運用する金額全体の大きさと、その中でどれだけの金額をリスクを取った運用に振り向けるかの2点だけでいい。

投資家のタイプ別（例えば年齢や投資経験などでの区別）に適した運用の方法、特に運用の商品が異なると考える人は、金融機関のマーケティング戦略に引っ掛かりつつあると言っていいでしょう。

詳しくは第3章でご説明しますが、**運用のコツを3つにまとめると、①長期投資、②分散投資、③低コストの3点です。「長期、分散、低コスト」と呟きながら、自身の運用について振り返ると運用はだいたい上手くいきます。**

運用方法に関しては、つみたてNISAがいい教材になります。

つみたてＮＩＳＡでは、資産の換金引き出しは自由ですが（この点は60歳まで換金できないｉＤｅＣｏと異なり、気が楽です）、換金してしまうと、せっかく20年間使える節税可能な運用枠を消費してしまうので、20年間のバイ・アンド・ホールド（いったん買ったものを売らずにじっと持つこと）の長期運用になりやすい仕組みになっています。

また、内外の株式のインデックスファンドが選択可能なので、実質的に広範な分散投資を実行しやすくなっています。

なお、現時点では内外共に債券の利回りが低いので、債券を含むバランスファンドは不適当です。また、アクティブファンドは、良いアクティブファンドを選ぶ方法がありませんし、手数料が高いのでお勧めしかねます。いずれも止めておく方がいいでしょう。

また、つみたてＮＩＳＡでは、ノーロード（販売手数料がゼロ）で信託報酬が一定水準以下の商品しか認められていません。加えて、近年、インデックスファンドの信託報酬引き下げ競争が進んだこともあって、低コストな運用が可能です。

金融庁は「長期投資に適当な商品を選んだ」と言っています。しかし、そもそも長期で不適当な商品は、短期の投資でも不適当なのが現実です。

リスクを取って高いリターンを目指す運用商品では、つみたてＮＩＳＡに選ばれないような商品を検討する必要はありません。購入時に販売手数料がかかる投資信託や、信託報酬が高いアクティブファンド、分配金を頻繁に支払うファンドなどは、短期でも長期でもすべて不適切なのです。

つみたてNISAは、積立投資なので投資の残高が徐々に増えることになるので、まだ投資をするまとまった資金がなくても始められますし、「長期・分散・低コスト」の原則に従った運用ができ、失敗しにくくできています。

課税される所得がある人にはiDeCoのメリットが大きいのですが、iDeCoには60歳までお金を引き出すことができない不自由さがあるので、まず、つみたてNISAから始めてみるのが、運用の入門には気が楽でしょう。もちろん、運用の要領が分かると、iDeCoの金額を大きくすることが、税制上有利な場合が多いでしょうし、老後の備えとして適切です。

(10) 高齢後期の資産管理

報告書の中で取り上げられていながら、ほとんど話題にならなかったテーマの中で重要なものの1つに、自分自身の認知機能が衰える可能性を考慮しなければならない高齢者の資産管理があります。報告書には具体的な方法が書いてあるわけではありませんが、個人にとって重要な問題です。

超高齢期のお金の管理にあっては、相続対策を除いて原則論を申し上げると、①お金の在処を家族と共有する、②司法書士・弁護士など職業後見人による法定後見人が付く状態を避ける、③これまでと変わらない資産運用を継続する、といった点がポイントです。

例えば、10年以上動きのない預金は休眠預金とされてしまい、後から家族が取り戻すことのできない状態になる場合があります（銀行の書類保管期限は10年なので、10年以上遡って問い合わせてもデータが出て来ない場合があります）。お金の在処の確認は重要です。通常は家族の誰かになると思いますが、「信頼できる人」を確保して、この人のサポートの下で、けっして金融機関に頼らずに資産運用とお金の管理を継続することが重要です。

また、職業後見人が付くと、財産の利用が不自由になるほか、多額の費用がかかるので、不用意に家庭裁判所に後見人の選任を申請してはいけません。親の後見人に子どもが自分を推薦して家庭裁判所に申請した場合でも、職業後見人を付けられる場合があります。

実際には任意後見に移行しないまま家族が代理人として本人の財産管理をサポートする形を続けられるだけ続けるのがいい場合が多いと思いますが、「将来必要があれば指定した人物（＝信頼する家族）を任意後見人にする」という移行型の任意後見契約を付けた財産管理等委任契約を公証役場で発効させておくといいでしょう。また、大きな不動産のような資産がある場合は、家族間で信託契約を結ぶ形が合理的な場合もあります。

金融機関は、主に80歳を過ぎた顧客に対して、リスクを取った商品の勧誘を控えるような内規を持っていますが、それでも本人に念書に署名捺印させて形式を整えるような形で営業勧誘を行うケースが多々見られます。

一方、高齢だからといって、リスクを避ける必要はありません。数年間であっても、リスクを取って運用できるお金を預金や現金で置いておくのでは、本人にとっても、相続人にとっても、機会を無駄にすることになりかねません。

「信頼できる人」が本書に書かれているような内容をしっかり理解して、高齢者本人と共にお金を合理的に管理することが大切です。

（補足）「人間のリスク」を除外する「0・5%ルール」

報告書をきっかけに、お金の管理のあれこれについて書いてみました。要点としては、①「自分の数字」で貯蓄と支出を計画し適切に行うこと、②資産を計画的に取り崩すこと、そして、③金融機関を頼らずに運用を合理的に行うことの3点が大切です。いずれも、本書では具体的な方法を紹介しています。

こうして振り返ってみて思うのは、**現実のお金の運用には、株価の変動などに代表される「市場のリスク」のほかに、人間から悪影響を受ける「人間のリスク」の2つのリスクがあるということです。**

特に、「人間のリスク」は、意識的に排除することが可能ですし、そのことによってメリットがあります。気を付けるべき代表的な他人は金融機関の担当者やアドバイザーを名乗りつつ運用商品を販売するような人ですが、序章の終わりに、こうした「要注意の人間」を遠ざけるための行動原則を1つご紹介します。

それは、「0・5%ルール」と呼ぶ原則で、「運用金額に対して年間に支払うトータ

ルの手数料が明確に0・5%以下の運用商品・サービス以外に、一切関わらない」と決める行動ルールです。著者の一方である、山崎元がNHKの「クローズアップ現代プラス」という番組に出演した際に思いついたものです。

金融機関の窓口で扱っている運用商品は、つみたてNISAの商品を除いて、たいていこの制限の外ですし、つみたてNISAで選ばれていても0・5%を超える手数料のアクティブファンドは選ばない方がいい。もちろん、実質的な手数料が分からない（通常は投資信託よりも高い手数料率ですが）外貨建ての貯蓄性生命保険のようなものは「明確に0・5%以下」の条件を満たさないので、最初から除外して構いません。

「0・5%ルール」のいいところは、運用手数料が高過ぎる商品を除外して手数料コストが節約できることのほかに、このルールを守ると「人間のリスク」の源になる人間を相手にせずに済むことです。

なお、本書をよく読んだ読者は、0・5%よりもさらに低コストで合理的な運用を行うことができるようになるので、さらにもう一段上のレベルに立つことができることをお伝えしておきます。

次章から、「人生のお金の正しい扱い方」をご説明します。難しい話はありません。

一度マスターすると一生使えて、読者の役に立つノウハウなので大いに期待して読みすすめて下さい。

第1章

必要な貯蓄額を計算する①【ステップ1】

人生設計の基本公式の仕組みと使い方

必要な貯蓄額を計算する……❶

人生のお金の流れは、「稼いで、貯めて、取り崩す」が基本

さて、本書がお伝えする「たった3つの方法」の1番目は、自分にとって「必要な貯蓄額を決める」ことです。何と言っても、これが大切です。

第1章では、一人ひとりが自分にとって必要な貯蓄率を求めるために使う「人生設計の基本公式」について、くわしく説明します。

人生全体のお金の流れを理解する

まず、人生全体を、お金を中心にながめてみましょう。

一般的には、子どもの頃に教育を受けて、大人になって稼ぎ、リタイアメントしたあとは、それまで貯めてきたお金を取り崩して暮らします。

大人になったら、お金を「稼ぎ」、稼いだお金は、今の生活費や、子どもがいる人は子どもの教育費などに「消費」します。同時に、残りを将来のために「貯蓄」しなければなりません。そして、稼ぎが減るかなくなった将来にその貯蓄を「取り崩して」生活します。

それぞれの期間の長さや境目は、人によってさまざまですが、稼ぎのある期間を「現役」、稼ぎがなくなってからの期間を「老後」とすると、大まかなお金の流れは、次頁の図のようなイメージになります。

現役時代に稼いだお金の一部を将来に備えて貯めておいて、老後はその蓄えで生活するということです。年金や蓄えが多いか少ないか、また、何歳まで働くかどうかについては個人差がありますが、おおよその構成は図1の通りです。「現役」時代の稼ぎの一部を、「老後」に計画的に移動しなければなりません。

図1　人生全体のお金の流れ

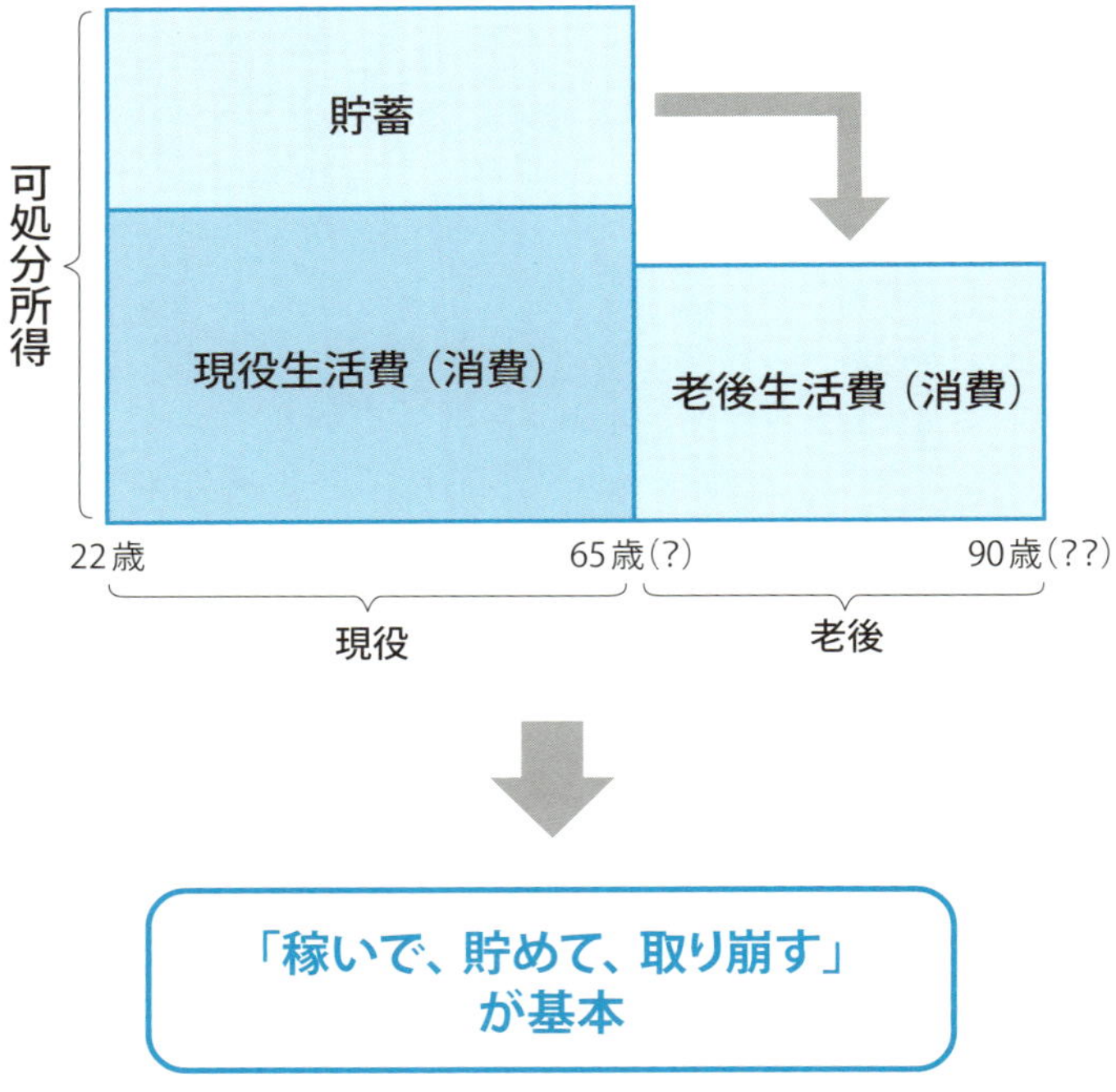

※可処分所得とは、税金や社会保険料を差し引いたあと、
自由に使えるお金、「手取り年収」です。

毎月、いくら貯蓄すればよいのか

では、一体どのくらいのお金を将来のために移動しなければならないのでしょうか。あなたは、毎月いくら貯蓄する必要があるのでしょうか。

これからご紹介する**「人生設計の基本公式」**は、あなたの、今、必要な貯蓄率を計算する公式です。この**「必要貯蓄率」**を求めると、実際に貯めなければならない1年間の**「必要貯蓄額」**を求めることができますし、これを12で割ると**一月あたりの必要な貯蓄額**を求めることができます。そして、あなたが、それを守って毎月、必要貯蓄額を貯蓄できるなら、お金について将来の心配はほとんどありません。

あまりに単純だと思われますか?

でも、実は個人にとって、お金の人生設計の仕組みは、とてもシンプルなのです。現実的には、これ以上のことができるわけでも、必要なわけでもありません。

必要な貯蓄額は一人ひとり違う

お金の使い方には、人それぞれの事情に加えて、好みや癖があります。例えば、外食が必要で食費の比率が高い人もいるでしょうし、衣服にお金をかけたい人もいるでしょう。

家計の改善策として、食費は収入の○％以内にしなければならない、3人家族なら○万円以内に収めるべきだ、というようなアドバイスを目にすることがありますが、筆者たちは、そうは思いません。必要な貯蓄ができていれば、現在の生活に多少の無駄や非効率があっても、それは大きな問題ではありません。大枠に問題がないのなら、細かな問題は気が向いた時に改善するくらいでいいでしょう。

お金の使い方は、自分が納得し、満足できるように決めたいものです。そして、**「必要貯蓄額」が達成できているなら、将来のことを心配しなくていいのです。**

実際、さまざまな節約法を試みている家計でも、必要な貯蓄額が達成できていない場合が少なくありません。

加えて、細々とした節約は、しばしば大きなストレスになります。要点をシンプルに押さえることが大事です。

自分、あるいは家計が、問題を抱えているのかどうかの判断基準を、「必要な貯蓄ができているかどうか」に単純化することが有効です。

これがクリアできているなら、まずは安心です。今後、何か問題があっても、柔軟に対応することができます。

必要貯蓄ができていれば、「老後の不安」は解消する

世間でよく話題になる「老後の不安」も、この「人生設計の基本公式」でしっかりと計算をし、貯蓄をしているなら、心配する必要はありません。

計算をせずに、現実を見ないことこそが、必要以上の不安を引き起こし、例えば、勧められるまま、よく分からないままに、買うべきでない金融商品を買ってしまうなど、お金の問題に関する大きな失敗の原因になります。

人生のお金の問題には、住宅費、教育費、各種の保険、インフレの心配、運用の方法と利回りなど、さまざまなものがありますが、これらは、序章でご紹介した運用の原則をしっかり踏まえた上で、いくつかの「勘所」を押さえておくことで十分に対処することができます。

必要な貯蓄額を計算する……❷

「人生設計の基本公式」を見てみよう

さっそく、「人生設計の基本公式」を見てみましょう。

この公式は、あなたの現在から将来にかけての「現役時代の平均的な生活費」支出に対して、「老後の平均的な生活費」支出をどのくらいの比率にするかと考えた場合に、それを達成するために必要な現役時代の貯蓄率がいくらなのかを計算しています。

次頁の計算式を見ると、分数の中に分数があるので、少々面倒だと思うかもしれませんが、計算は簡単です。小学校高学年なら筆算で計算できますし、計算が苦手な大人でも電卓（スマートフォンの電卓でもＯＫです）とメモ用紙があれば大丈夫でしょう。

一つひとつの項目の意味と数字の入れ方については、後で詳しくご説明しますが、この式のポイントを先にお伝えしておきます。

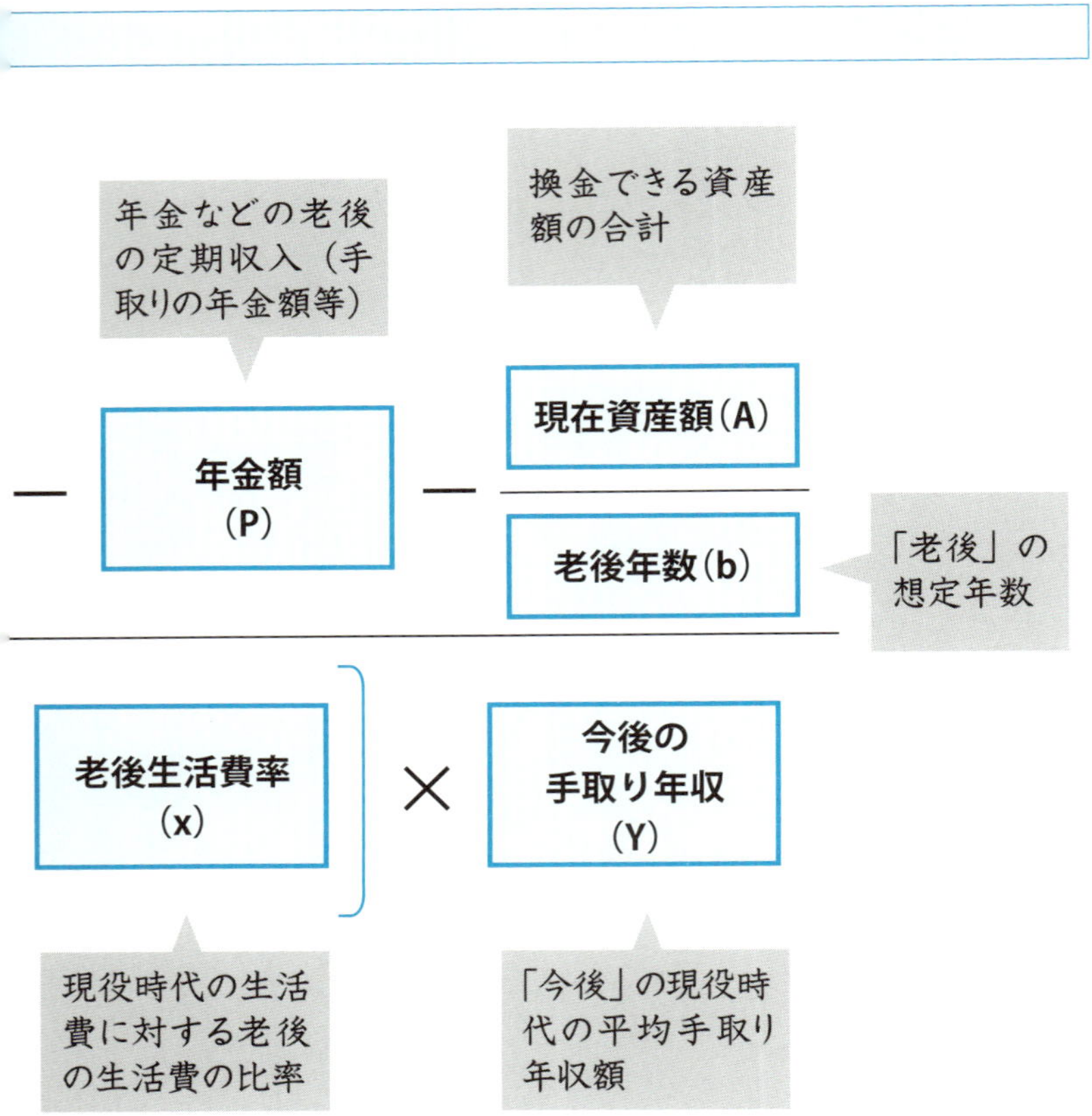
年金などの老後の定期収入（手取りの年金額等）
換金できる資産額の合計
年金額（P）
現在資産額（A）
老後年数（b）
「老後」の想定年数
老後生活費率（x）
×
今後の手取り年収（Y）
現役時代の生活費に対する老後の生活費の比率
「今後」の現役時代の平均手取り年収額

図2　人生設計の基本公式

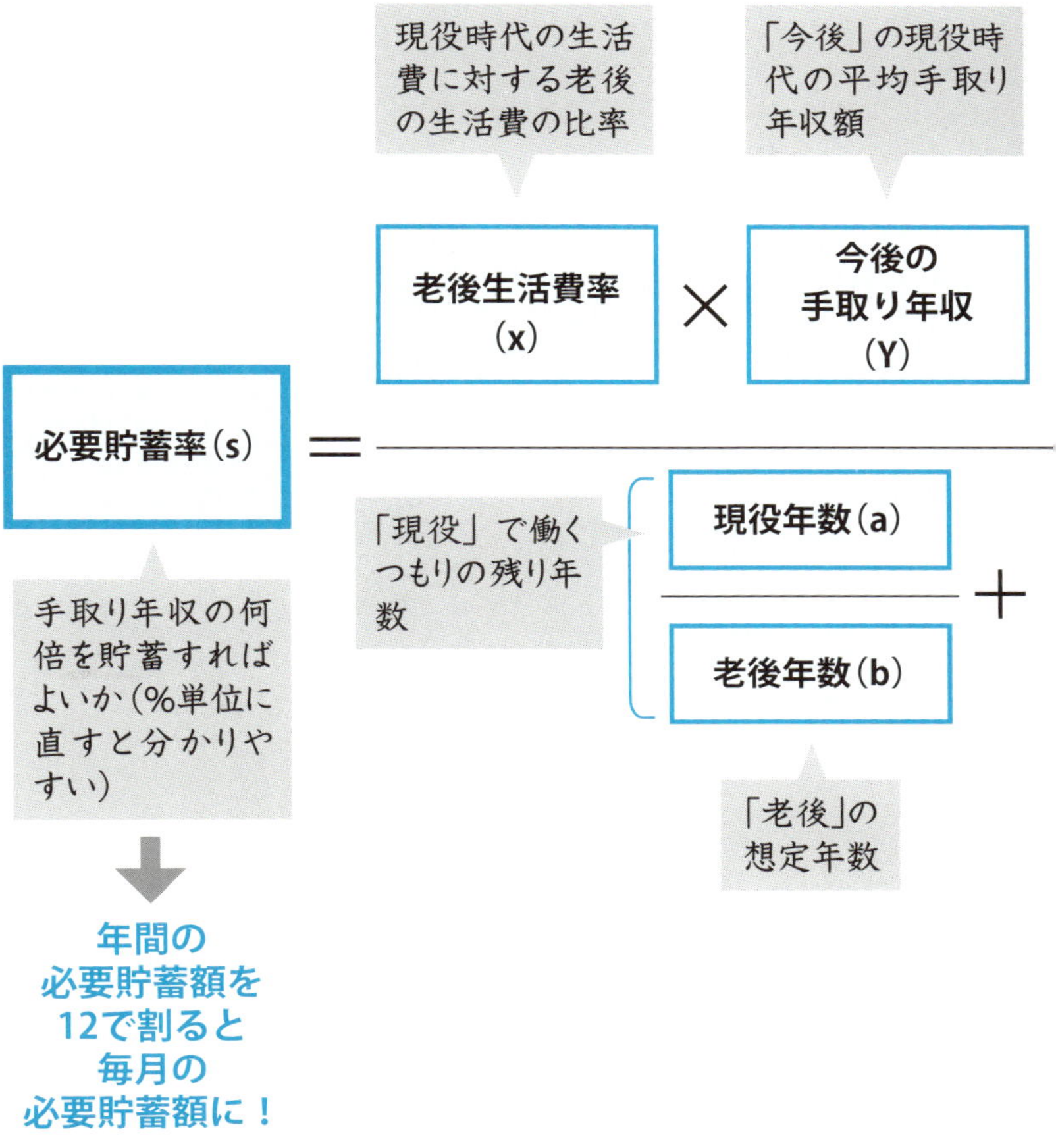

「人生設計の基本公式」では、「今後の手取り年収」と「年金額」を使います。これは、自分の「今後の手取り年収」をベースに考えれば、老後の生活費もイメージしやすいこと。また、多くの人にとって老後生活費の収入の柱は終身で受け取れる公的年金であるためです。これらを計算に入れることで、自分の「お金の人生設計」ができます。

結論から言えば、受け取れる年金額が多ければ、現役時代に貯めていかなければならない「必要貯蓄額」は少なくなります。夫婦ともに会社員で老齢基礎年金と老齢厚生年金を2階建てで受け取れる人は、老齢基礎年金しか受け取れない自営業者夫婦の人より、貯めなくてはならない金額は少なくなります。「人生設計の基本公式」を使いこなし、自分の必要貯蓄率を求めることが「お金の人生設計」のファーストステップです。

まずは、これがどういうものなのか具体的な例で見てみましょう。

■40歳の会社員、佐藤さんのケース

現在40歳で60歳まで20年間働くつもりの会社員、佐藤さん（東京都在住）を例に考えてみましょう。佐藤さんは、「今後の手取り年収」は460万円（Y）（年収から社会保

険料と税金を控除した後の金額）、現在の金融資産は６００万円（Ａ）です。シングルの佐藤さんはすでにマンションを購入済みです。60歳で住宅ローンを完済すれば、老後生活費は今より３割くらい減らせると考えていますので、「老後生活費率」は０・７倍（ｘ）とします。「年金額」は、生涯の平均年収と被保険者期間を元に計算します。佐藤さんは、生涯の平均年収が約５００万円（平均標準報酬額41・６万円）、厚生年金の加入期間40年とすると、額面での老齢厚生年金は１０９万円、老齢基礎年金は満額の約78万円（令和元年度）で、合計１８７万円（Ｐ）です。式には、税金や社会保険料を引いた手取り額を入れます（公的年金については第2章で解説します）。

「老後年数」は、平均余命より少し余裕をみて95歳までの35年間（ｂ）、「現役年数」は60歳までの20年（ａ）とします。

・今後の手取り年収　４６０万円
・老後の生活水準　０・７倍
・現在資産額　６００万円
・年金額　１７４万円（手取り・概算）

図3　佐藤さん（40歳）の「必要貯蓄率」

$$\underset{\text{必要貯蓄率}}{0.2237}=\frac{\underset{\text{老後生活費率}}{0.7}\times\underset{\text{手取り年収}}{460}-\underset{\text{年金額}}{174}-\dfrac{\overset{\text{現在資産額}}{600}}{\underset{\text{老後年数}}{35}}}{\left(\dfrac{\overset{\text{現役年数}}{20}}{\underset{\text{老後年数}}{35}}+\underset{\text{老後生活費率}}{0.7}\right)\times\underset{\text{手取り年収}}{460}}$$

※老後生活費は約20万8000円

・現役年数　20年
・老後年数　35年

さて、佐藤さんの「必要貯蓄率」はいくらになるでしょうか？

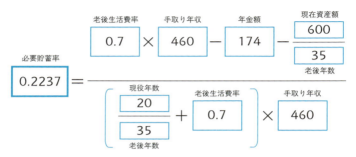

「人生設計の基本公式」で計算すると、必要貯蓄率は約22％です。今後、手取り年収の約2割を貯めていけば、60歳以降は毎月約20万8000円で生活することができます。そのうちの公的年金は14万5000円です。

佐藤さんは、今後、いくら貯めていく必要があるのでしょう。**年間にいくら貯蓄するかは「現在の手取り年収」に「必要貯蓄率」を掛けて求めます。**今後手取り年収が増えれば、貯蓄額も増え、減給となれば必要貯蓄額も減るとい

図4　65歳まで働いた場合の「必要貯蓄率」

$$\underset{\text{必要貯蓄率}}{0.1556}=\frac{\underset{\text{老後生活費率}}{0.7}\times\underset{\text{手取り年収}}{440}-\underset{\text{年金額}}{183}-\dfrac{\overset{\text{現在資産額}}{600}}{\underset{\text{老後年数}}{30}}}{\left(\dfrac{\overset{\text{現役年数}}{25}}{\underset{\text{老後年数}}{30}}+\underset{\text{老後生活費率}}{0.7}\right)\times\underset{\text{手取り年収}}{440}}$$

※老後生活費は約20万8000円

う関係です。佐藤さんの「現在の手取り年収」は430万円（式で使った「今後の平均手取り年収」ではなく「現在の手取り年収」です）ですので、これに必要貯蓄率の22％を掛けると、年間貯蓄額は、約94万6000円となります。12ヵ月で割ると、毎月約7万9000円です。今後、大きな支出があったり、ライフスタイルに変化があれば、計算をし直して新しい「必要貯蓄率」を求めることになりますが、今の時点では、今後60歳まで貯める金額は、20年間の平均貯蓄額から計算すると、約2000万円ほどになりそうです。

もし、この金額を貯めることが大変だと思えば、働く期間を伸ばすと「必要貯蓄率」を下げることができます。60歳以降65歳まで雇用延長

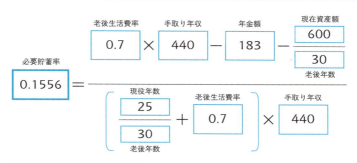

すると、年収が下がり、今後の手取り年収の平均は４４０万円になります。一方、老齢厚生年金額は、額面で10万円ほど増えて、手取りは１８３万円になります。「現役年数」は25年、「老後年数」はその分短くなり、30年です。再計算すると、「必要貯蓄率」は約15・６％に下がります。

計算は一度だけでなく、何度も行うこと

このように働く期間を伸ばすことで、貯蓄率を下げることもできますし、他にも必要貯蓄率を下げる方法は様々あります。例えば、確実に見込むことができる退職一時金や、財産の相続などの見通しがあれば、これらを計算に反映します。当面の収入を増やす、現役時代に対する老後の生活費率を落とす、といった方法もあり得ます。

また、佐藤さんが結婚すれば、夫婦で収入や現在資産額、年金額を合算することができます。しかし、子どもが生まれた場合には、お子さんの教育費がかかりますし、予定外に収入が減った場合など、前提条件を厳しい方向に変えなければならない場合もあります。

図5　必要貯蓄率の評価の目安

10%未満	→ 超優良です
10〜20%	→ 健全ですが、油断は禁物です
20〜30%	→ 20%を超えると かなり努力が必要です
30%以上	→ かなり危険です。 今すぐ家計の見直しが必要です

　こうした条件の変化を公式に反映する方法については、後の事例の中でご説明します。今は、「公式は、条件を変えて計算し直しながら、お金の人生設計を考えるために使うものだ」と理解していただけたら十分です。

　計算は一度で終わりではなく、自分にぴったりの条件になるまで、また、変化があった時にはその都度、何度も行うものだと心得ておいて下さい。何度も計算し直して、条件を比べるところにこそ、この計算式の実用性があります。

　では、計算式の一つひとつの項目の意味と使い方について、詳しく説明していきましょう。

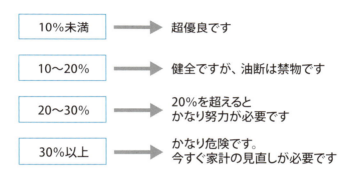

①今後の手取り年収（Y）～「手取り年収の平均値」をどう計算すればよいのか

現在の手取り額ではなく、現役時代を通じて受け取ると思われる「今後の手取り年収の平均値」を入れて下さい。年齢や業種によって予想される年収は異なりますが、自分が将来どれくらいの収入を得られるのかをイメージすることが、人生全体を通じたお金の管理の第一歩です。

「過ぎてしまってもう変えられないこと」ではなく、「これから変えられること」に注意と関心を絞るのが、正しい意思決定のコツで、同時に、良い人生を送るコツです。公式では、「これまでの収入」ではなく、「これからの収入」を使います。

$$\text{必要貯蓄率} = \frac{\text{老後生活費率} \times \text{手取り年収} - \text{年金額} - \dfrac{\text{現在資産額}}{\text{老後年数}}}{\left(\dfrac{\text{現役年数}}{\text{老後年数}} + \text{老後生活費率} \right) \times \text{手取り年収}}$$

これから将来にかけて受け取る収入の平均値は、時にはイメージしにくいかもしれませんが、自分の生活レベル、言いかえれば、自分はどのくらいお金を使ってもよいのか、収入に対して消費の割合を決める上で知っておくべき重要な数字です。お金を貯められない人の特徴の１つは、収入のうち、どのくらいまでなら消費に回してよいのかがわかっていないことなのです。

自分の将来の収入がまったくイメージできない人は、同じ会社の43～45歳くらいの先輩の手取り収入を聞いてみるといいでしょう。ご参考として、業種別の平均給与も載せておきます（図６）。

平成29年度の給与所得者の平均給与は、男性が５３２万円、女性が２８７万円となっています。男性と女性とで金額に大きな差がありますが、出産や育児に当たる年齢の女性の労働力が低下するいわゆるＭ字カーブは平成29年度、過去最高水準となりました。いわゆるＭ字型カーブの底が浅くなり、台形に近づきつつあります。**長い老後を考えると、産前産後休業、育児休業制度などを使い、退職しないでできる限り働き続けることが大切です。**

図6　業種別の平均給与

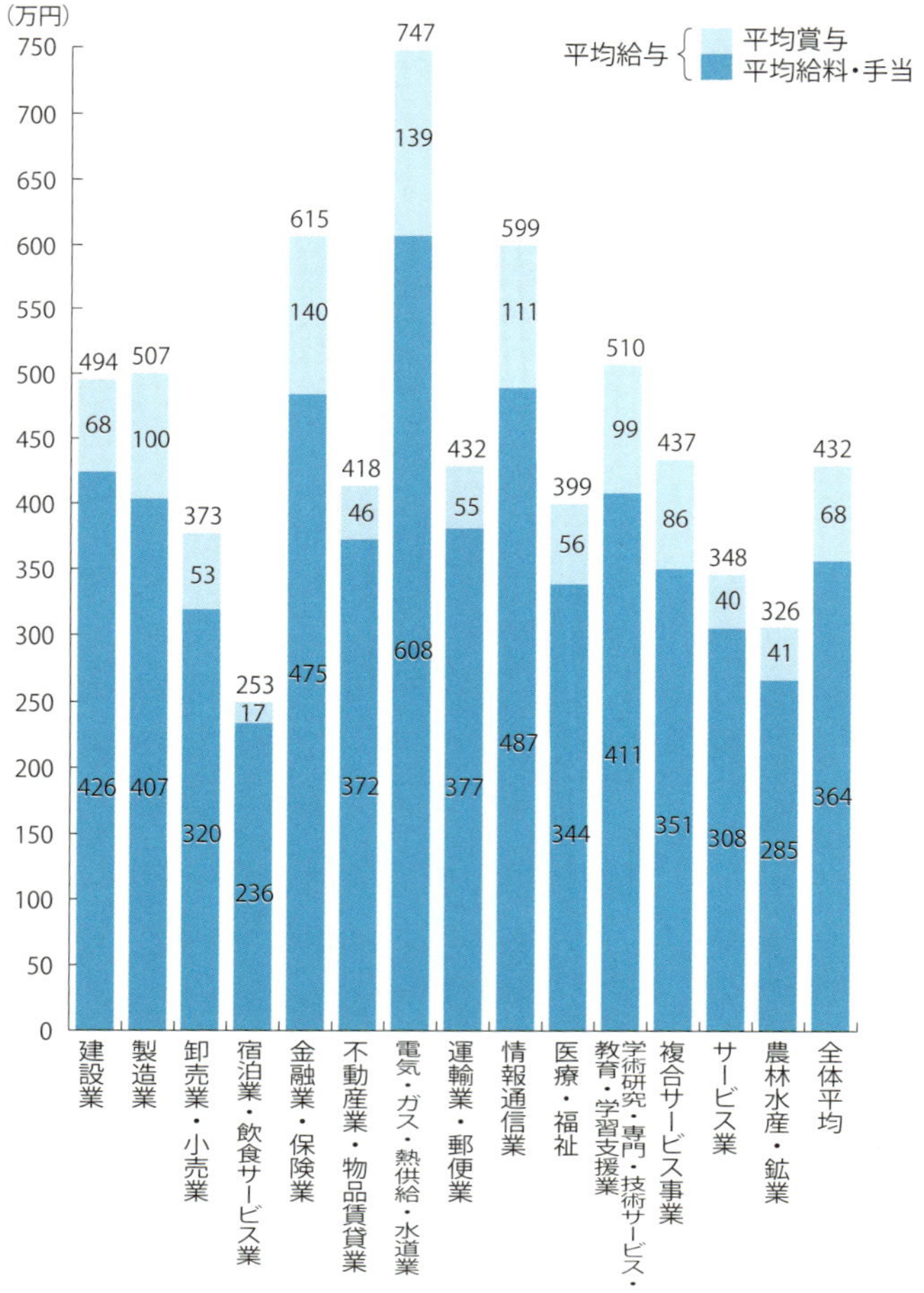

（出所）国税庁「平成29年分　民間給与実態統計調査」第13図より

図7　年齢別に見た平均賃金（月額）

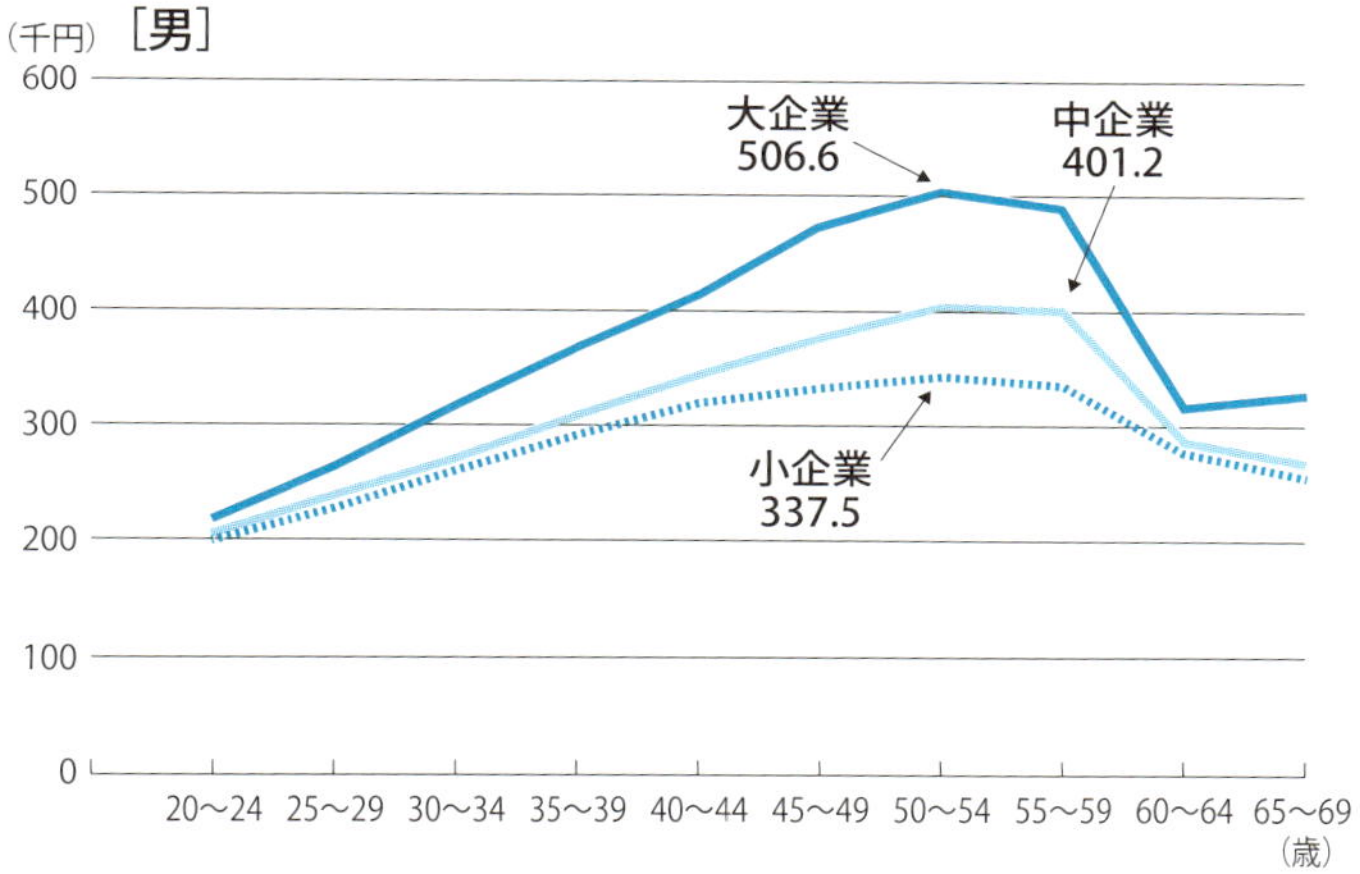

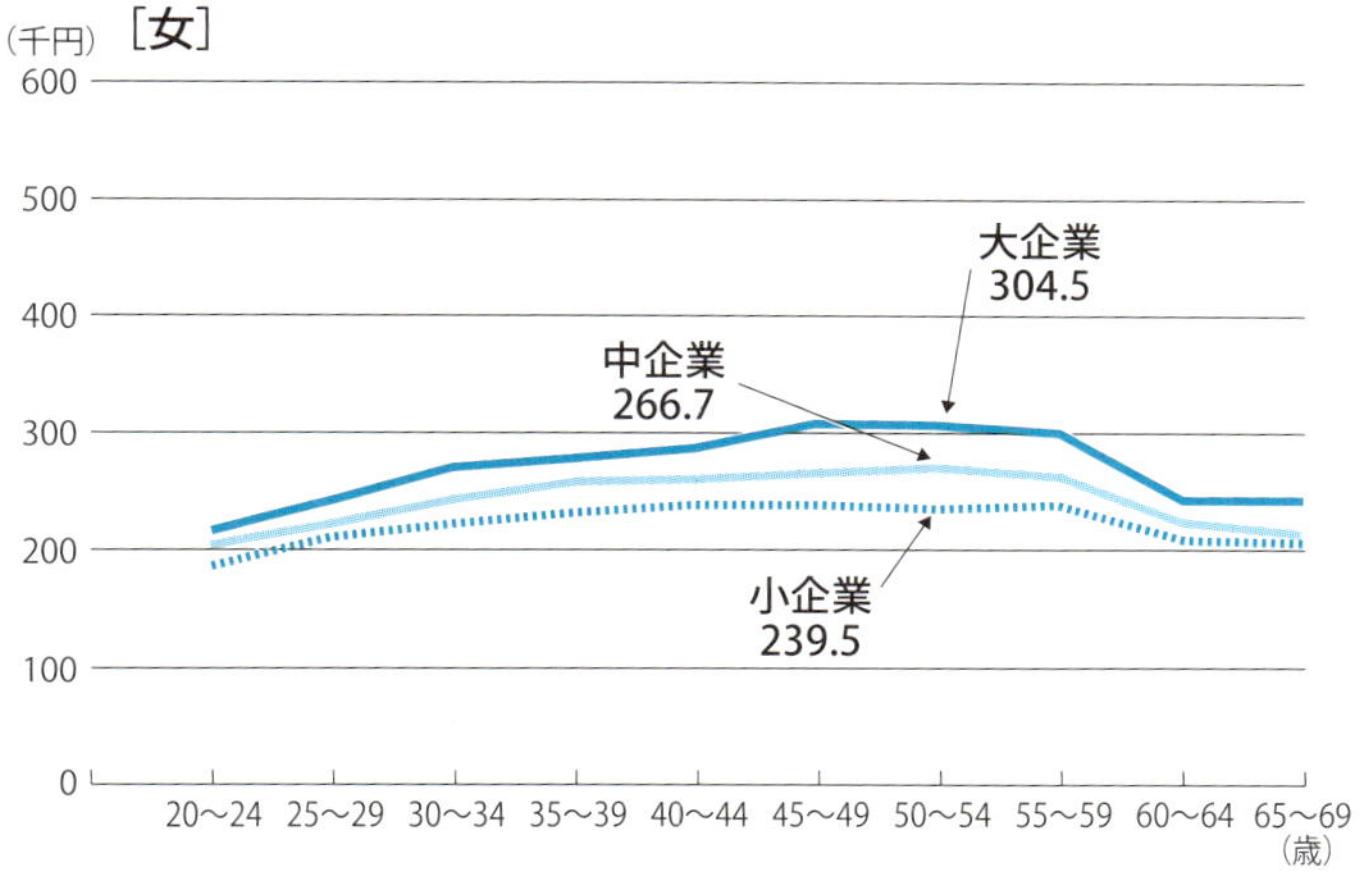

（出所）厚生労働省「平成30年賃金構造基本統計調査」より

自営業やフリーランスの方は、やや低めの数字を

自営業者や、フリーランスで仕事をしているなど、将来の収入が不安定だと感じている人は、将来の平均として予想する年収よりも1割から2割程度低めの数字を想定しておくとよいでしょう。

「人生設計の基本公式」は、それぞれの人の「今後の平均的な収入」を基準にしているので、稼ぐ人は稼ぐなりの、そうでもない人はそうでもないなりの、手取り収入に対して、現役時代の消費（現役生活費）と老後の生活費を配分する計算を行います。

「夫婦の老後生活資金として公的年金以外に月額20・6万円（世帯主が60～64歳の間）、65歳以降は月額15・9万円が必要」

これは、生命保険文化センターが行った「平成30年度　生活保障に関する調査」結果です。しかし、収入や支出の水準は人によって大きく異なるので、「平均値」がしっ

くり来ないという人が少なくないはずです。

この「人生設計の基本公式」は、「将来の自分の手取り収入の平均値」を基準にしていますので、より自分の実態に沿った数字で、計画を立てることができます。まずは、気軽に数字を入れて、計算してみましょう。

「必要貯蓄率を確保できていれば、自分のイメージした老後の生活レベルを維持できるのだ」と考えて、計算してみて下さい。

②老後生活費率（X）
～老後は現役時代に比べ、どのくらいの水準で生活するのか

今後に想定される現役時代の年間生活費に対して、老後の年間生活費を何割として想定するかを、倍率の数字として入力して下さい。

例えば、老後は現役時代の7割くらいの生活費でいいだろうと考えるのであれば「0・7」という具合に入力します。

$$\text{必要貯蓄率} = \frac{\text{老後生活費率} \times \text{手取り年収} - \text{年金額} - \dfrac{\text{現在資産額}}{\text{老後年数}}}{\left(\dfrac{\text{現役年数}}{\text{老後年数}} + \text{老後生活費率}\right) \times \text{手取り年収}}$$

老後の生活レベルは人それぞれ

老後になると、子どもが独立したり、現役時代ほど交際費がかからなくなったり、食費も減るなどさまざまな要因によって、現役時代よりも生活費を抑えられることが多いので、「1・0」よりは小さな数字が入る場合が多いでしょう。

平均的には、老後生活費は、現役の50代の生活と比べて7割くらいになるようです。

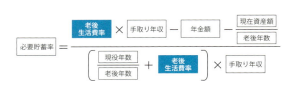

家計調査なども70～75％ほどになっています。ですから、いったんは「０・７」として計算し、算出された老後生活費を見て、加減していけば良いと思います。こちらのＱＲコードから読み込んで、「人生設計の基本公式」を使っていただければ、老後生活費も算出されます。

例えば、老後生活費率を「０・７」として計算したら、月の老後生活費が「40万円」になったとしましょう。夫婦の収入を合算して計算すればこのくらいの金額になる人もいると思います。多すぎると思えば、老後生活費率を「０・６」「０・５」……と下げて、老後生活費を見て下さい。

数値は人それぞれです。今の生活費を基準にして、具体的に考えましょう。今は、毎月50万円で生活しているけれど、住宅ローンが終わって、子どもも独立したら25万円くらいで生活できると思うなら、「老後生活費率」は50％になります。一方、シングルで賃貸暮らしの方が、現在の生活スタイルをずっと続けていこうと思う場合、「老後生活費率」は「１」のままかもしれません。ご自身がどのくらいのレベルで暮らしていきたいのか、今の生活費を基準に老後の生活費率を考えてみて下さい。

大事なのは、老後になれば行動範囲も狭くなって支出は大きく減るだろうなどと楽観しないことです。一度身についた生活レベルを下げることは簡単ではありません。リタイア後、時間ができると、旅行に趣味にと出費が増える人もいるはずです。現役時代と老後の支出を「無理なくバランスさせるにはどうすればよいか」と考えてみて下さい。

③年金額（P）
～年金など老後の（年間）定期収入を計算する

メインになるのは**終身で受け取れる公的年金や企業年金です。**独自の企業年金制度を持っている会社にお勤めの人は、人事部、総務部、あるいは年金を管理している部署や年金基金に問い合わせてみましょう。

公的年金についての仕組みや自分がもらえる金額の計算方法、式への算入の仕方などは第2章で詳しく解説していますので参考にして、ご自身の「年金額」を出してみて下さい。ご夫婦の場合は合算します。

また、日本年金機構から送られる「ねんきん定期便」や、同機構のウェブサービス「ねんきんネット」に登録すると、自分が将来もらえる年金額がわかりますので、この機会にぜひ、確認してみて下さい。

$$\text{必要貯蓄率} = \frac{\text{老後生活費率} \times \text{手取り年収} - \textbf{年金額} - \dfrac{\text{現在資産額}}{\text{老後年数}}}{\left(\dfrac{\text{現役年数}}{\text{老後年数}} + \text{老後生活費率}\right) \times \text{手取り年収}}$$

・日本年金機構　https://www.nenkin.go.jp/n_net/

他に終身で受け取ることができる収入があれば、それを加算しても構いません。例えば賃貸収入や配当金などです。一方、5年間受け取れる個人年金保険や、75歳まで受け取れる企業年金などは、「年金額」には加えず、「現在資産額」に加算します。

④現在資産額（A）
～現役時代（定年まで）の貯蓄（資産）の合計

まずは、現在、お持ちの金融資産の合計額を入れて下さい。預貯金だけの場合は、その金額とイコール（＝）になりますし、個人年金保険や個人向け国債なども受取額を加算します。投資信託や株式などは、時価で加えて下さい。受取額が確定している退職金や、確実に相続できる遺産のようなものも同様に加算して結構です。

また「妻のパート収入」を「現在資産額」に加えることもできます。例えば、妻がパートで年間１００万円を稼いでいれば、それを丸ごと貯蓄します。配偶者のパート収入などを、生活費支出に回さずに、子どもの教育費や老後の生活のために貯蓄するという考え方です。今後10年間、パートを続けることにすれば、１０００万円を「現在資産額」に加えます。そうすると、「必要貯蓄率」を下げることができます。

$$\text{必要貯蓄率}=\frac{\text{老後生活費率}\times\text{手取り年収}-\text{年金額}-\dfrac{\text{現在資産額}}{\text{老後年数}}}{\left(\dfrac{\text{現役年数}}{\text{老後年数}}+\text{老後生活費率}\right)\times\text{手取り年収}}$$

一方、今後かかる子どもの教育費や住宅購入の頭金など、確実に出ていく大きな支出は、この項目から差し引きます。計算上、「現在資産額」はマイナスになっても構いません。

大切なのは、「現在資産額（A）」は、経済的に大きな変化があった場合に、その変化を反映して計算し直すということです。子どもの進学や住宅の購入、病気、離婚などで、まとまった支出があった時は、マイナスをして計算し直して下さい。そうすることで、その後の人生設計を考え直すことができます（図8参照）。

新たに得た必要貯蓄率を達成するために、どうすべきかをあれこれ考え、実行していくことが、長い老後を安心して暮らすためには必要なのです。

まずは、現在の金融資産の合計額を入れてみて、必要貯蓄率を計算してみましょう。

図8　現在資産額の大きな変動要因

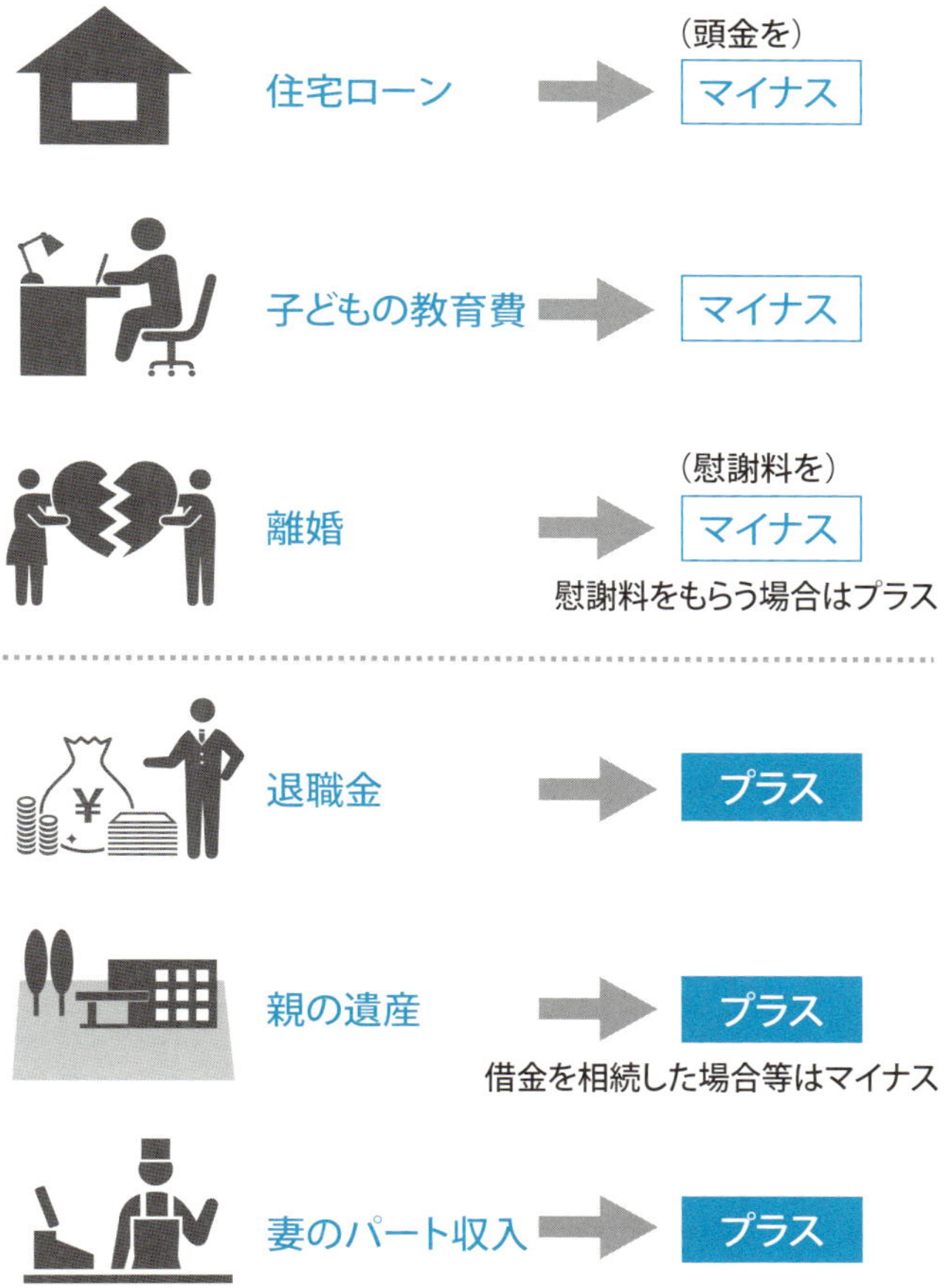

⑤現役年数（a）
～何歳まで現役として働くのか？

これから何年働くつもりなのか、かつ、働けるか、という年数を入力します。

会社員は、再雇用や継続雇用などで65歳くらいまで働き続ける人が増えてきました。一方、公的年金の支給開始は原則65歳からですので、会社員の場合、65歳を一つの目処として計算してみるとよいでしょう。

自営業者は働く期間を自分で決められます。働く期間を延ばすと（「現役年数（a）」を延ばす）、その分だけ老後年数（b）が縮みます。すると「必要貯蓄率」を下げられるので、現役時代の支出を増やすことができます。つまり、人生の自由度を大きくする効果があります。

高齢になってからも、（1）働く機会を確保すること、（2）働ける健康を保つことの

$$\text{必要貯蓄率} = \frac{\text{老後生活費率} \times \text{手取り年収} - \text{年金額} - \dfrac{\text{現在資産額}}{\text{老後年数}}}{\left(\dfrac{\text{現役年数}}{\text{老後年数}} + \text{老後生活費率}\right) \times \text{手取り年収}}$$

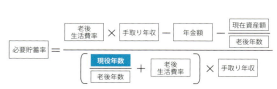

ポイント

- ◉60歳以降、年金を受け取りながら働いて納めた保険額は年金額に反映されます。
  退職した翌月分から年金額は改定されます。
- ◉65歳時、70歳時には在職中でも年金額は再計算されます。
- ◉70歳以上の人は厚生年金には加入しません。
- ◉60歳以上で年金を受け取りながら働いて厚生年金に加入する場合、年金額が減額される場合があります。

価値は、経済的にも精神的にもたいへん大きいでしょう。

「人生100年時代」、より高齢まで働いて、「現役期間」をより長くすることは、長寿化への最も自然な対処法でしょう。働く期間を延ばすことで、会社員の方は、70歳まで引き続き厚生年金の被保険者でいることができ、その分リタイア後の年金受給額を増やすことができます。また、自営業の方も含め、年金受給の開始時期を遅らせる（繰り下げる）ことで、年金額を増やすことができます。**一生受け取ることができる年金額が増えるのは老後の大きな安心材料でしょう。**

⑥老後年数（b）
～若い人ほど長生きを想定すべき

収入を得られる仕事からリタイア後の人生が何年くらいあるのかを想定します。この期間は「やや長めに」考えておく方がよいでしょう。本書では、男性女性ともに、やや余裕を持った年齢として、95歳までを目処として計算しています。この場合、老後年数（b）＝95歳－現役引退時年齢と考えます。

家計相談で、この公式を計算してもらうと、「私は長生きしないから」と、寿命の想定を「70」くらいにする人がいますが、長生きへの備えを無視することは危険です。これまでのところ、先進国の平均寿命は10年で2、3年くらいのペースで延びています。本書をお読みいただいている人の多くは、ご自身の親世代よりも平均5年以上長生きすると考えておいた方がよいでしょう。

$$\text{必要貯蓄率} = \frac{\text{老後生活費率} \times \text{手取り年収} - \text{年金額} - \dfrac{\text{現在資産額}}{\text{老後年数}}}{\left(\dfrac{\text{現役年数}}{\text{老後年数}} + \text{老後生活費率}\right) \times \text{手取り年収}}$$

長生きを想定していて、そのための備えを確保していたにもかかわらず、不運にも想定以前に亡くなってしまった場合は、相続人に遺産が残るので、感謝されるでしょうからご心配は無用です。

また、現在20歳代、30歳代の人は「100歳」として計算して下さい。ご夫婦の場合は、同じ歳でも寿命の長い妻の年齢に合わせて考えて下さい。例えば、夫が50歳、妻が45歳なら「現役年数」は収入の多い夫を基準に考え、65歳まで働くとして「15年」、「老後年数」は妻を基準にして、プラス5年して「35年」とします。

夫が40歳、妻が35歳なら「現役年数」は65歳まで働くとして、「25年」、「老後年数」は本来なら65歳以降95歳までの「30年」ですが、プラス10年して「40年」とします。もちろん、一人になった場合の生活費は2人の時より減るでしょう（FPの教科書的には大体7割くらいと想定します）。ですから厳密にプラス10年とすることもないのですが、「余裕を持って」という考え方で一度計算してみて下さい。

その上であくまでも実行可能な必要貯蓄率を求めることが大切です。いずれにしても、長生きであることは素晴らしいことです。ぜひ前向きに人生設計を考えましょう。

第2章

必要な貯蓄額を計算する② 【ステップ2】

人生設計の基本公式を使って、必要貯蓄額を計算する

必要な貯蓄額を計算する……❸

公的年金制度を正しく知って上手に利用しよう！

1 年金は、60歳〜70歳で自分でスタートを選べる「自由選択制」

老後生活の資金の柱となる公的年金は、原則65歳から受け取ることができます。**たとえ100歳まで長生きしたとしても一生受け取れる心強い収入源です。**でも、否定的な報道や誤解があって、公的年金制度について不安を持っている人も少なくないようですので、まずは、制度について知りましょう。

公的年金制度は、老齢年金以外にも、障害、遺族の保障があります。受け取れる金額については、特に老齢年金の場合、人によって計算に使う単価が違ったり、経過措置があったり、加算がついたりつかなかったりと様々です。老後の生活費の見通しを立てるためにはおおよその金額は知っておきたいものですが、50歳以上なら、「ねんきん定期便」で大体の金額は分かります。50歳未満の人は、「ねんきんネット」を使えば試算できますし、本著でも簡易的な計算方法をご紹介しています。また96～97ページには年収と加入期間から受給できる老齢厚生年金額の目安を一覧表にしています。老齢基礎年金は98ページをご覧下さい（受給時期が近くなれば、年金事務所で正確な金額を試算してもらって下さい）。

大切なのは、大体の目安を知り、リタイアまでに自分が何をすべきかを考えることです。今後の人生をどう展開していくかで、年金額は増やすことが可能です。なるべく長く働き続けるという前提で、何歳からいくら公的年金を受け取り始めるか、繰り下げて増額することも含めて考えてみましょう。**年金は現在は60歳～70歳の間で、自分でスタートを選べる「自由選択制」です。**

受け取る年齢をなるべく遅らせるためには、年金を受け取るまでの収入の足しにできる資金を作っていくことも必要です。人生の計画を立てるツールとして、「人生設計の基本公式」を活用して下さい。

2 本当に制度は大丈夫？

若い方の中には、年金をもらえないと思っている人もいるようですが、そんなことはありませんので安心して下さい。確かに、給付水準は世代が下がるほど緩やかに下がります。また、年金受給を開始した後も緩やかに下がります。しかし、負担と給付は自動的に調整される仕組みとなっていますので、将来もらえなくなるということは絶対にありません。あたかも企業が倒産するようにポッキリ折れてなくなってしまうような仕組みにはなっていませんのでご安心下さい。

年金がもらえなくなる、財政が破綻する、大変だからもらえる時期（支給開始年齢）を遅らせようとしているといった噂は、制度を理解していないか、わざと曲解した方によるものです。

公的年金は、長い期間にわたって受給するものです。将来、物価が上昇する可能性もあります。物価が上昇しているのに、受給当初のまま金額が変わらないとどうでしょう。例えば、りんご１個が３００円から20年後に６００円になれば、生活は苦しくなります。**物価の上昇に応じて、年金額が増えなければモノを買う力（購買力）は下がってしまいます。年金を中心とした老後生活で大切なのは、モノを買う力（購買力）を維持することです。**

日本の年金制度は、**世代間扶養**といい、現役世代の支払う保険料が、年金受給世代に仕送りをされる仕組みです。**賦課《ふか》方式**と言いますが、これこそが、モノを買う力（購買力）を維持できる所以です。もし、自分で支払った保険料を積み立てていく方式（積立方式）だとどうでしょう。例えば、民間の生命保険会社の個人年金保険は、加入時に決められた保険金を20年後30年後に受け取ります。物価が上がっていれば、購買力は減ることになります。

厚生労働省が公表した年金制度の将来見通し（２０１９年の財政検証）では年金が賃

金との比較で2割減ったとしても、購買力はそれほど下がらないか少し上げられることが示されていました。

公的年金制度は、生活保障としての機能を保持するために、「賃金変動」や「物価変動」を年金額に反映させることになっています。つまり、これらが上がれば年金額も上がるということです。

しかし、例えば、現役世代の手取り賃金が40万円から40万4000円に1％上がったからといって、年金額も1％上げていたのでは、将来の年金財政が厳しくなって現役世代が将来年金を受給するとき不利益を受けることになります。制度は、少子高齢化が進むことで支える力が弱くなり、一方、高齢者の余命は延びて年金受給期間も長くなって支給総額が増加することをちゃんと想定して作られています。少子高齢化が進んでも年金制度が維持できるように、保険料の上限を固定して、その限られた財源の中で、年金給付水準を徐々に調整する仕組みです。これを「マクロ経済スライド」と言います。年金額が増える場合はその伸び幅を少し縮めるものです。

年金は民間では絶対に作れない「保険」

最も大切なのは、年金は「保険」であるということです。「保険」というのは、多くの人が保険料を出し合うことで、リスクに備え、リスクが生じた人は金銭的な保障を受ける仕組みです。リスクが生じなかった人はその間の安心を買っているとも言えるでしょう。

民間の保険にも長生きリスクをカバーするための「トンチン年金保険」というものがありますが、保険料は割高です。なぜかというと、長生きしそうだと思う人が入る傾向があるからです。保険会社は支払いリスクが高くなるので、その分、保険料を高くするのです。

少し専門的な言い方をすると、保険としての機能を高めるには、リスクの分散による財政の安定が必要です。低いリスクの人も含め、多くの母数集団を構成して大数の法則を効かせることがポイントになります。

公的年金は強制加入方式です。終身年金を誰に対しても保障し、数十年に及ぶ賃金

や物価の上昇にも対応していますし、それが可能なのです。運用益で実現するしかない民間保険には絶対に作れない「保険」です。

また、年金の財源は、私たちが支払う保険料のほか、基礎年金の２分の１は国庫負担によって賄われています（税金が投入されています）ので、私たちは、支払った保険料を上回る額の年金を受け取ることができます。

年金額は下がることもありますが、給付水準は、現役世代の平均手取り年収の50％を上回る水準（所得代替率と言います。この後説明します）を確保できるように決められています。また、無限の将来にわたって年金財政を均衡させるというこれまでの「永久均衡方式」を見直しました。

約１００年間で財政均衡を図ることとして、積立金は、約１００年後に給付費の１年分程度を保有する「有限均衡方式」となりました。これによって、現在保有している積立金は、次世代への給付に活用されます。今年、財政検証が行われましたが、少しつけ加えておきますと、制度を見直すことによって、将来の年金水準が回復する場合もあること、また、長く働いたり、年金受給を65歳以降に遅らせれば（繰り下げ）、年金の給付水準を増やせることなども示されていました。財政検証は、いくつかの経済状況を仮定して制度を点検し、必要に応じて制度の見直しを行うためのものです。今後少なくとも5年ごとに行われることになっています。

さて、その財政検証が先日発表されました。「2019年（令和元年）財政検証」では、ケースI〜VIまでさまざまに経済の前提を置いて計算されています。もちろん、将来、このどれかになるという話ではありません。

この6つの経済の前提は、経済状況がこうなれば、年金はこう変わるという「現状の未来への投影」です。批判もさまざまあるようですが、経済の前提が甘いとか外れているという議論は、個人的には馴染まない気がします。

私たち生活者にとって大切なのは、ある給付を実現するためにどう行動すべきかという方向性を押さえながら、一人ひとりが適切な準備をしていくことだと思うからです。

■所得代替率について

年金額が、現役の男子の平均の手取り収入の何%に当たるかを「所得代替率」と言います。式にすると、「夫婦の年金額（名目額）／現役男子の平均の手取り収入」です。

この財政検証を見て、年金額が下がると誤解している人がいますが、そうではありません。「将来世代の年金が下がる」というのは、この所得代替率が下がるということです。分母の現役男子の平均手取り収入が増えれば所得代替率は下がります。現役男子の賃金の上昇と比較した場合の実質額が下がるということです。

財政検証では、40年間会社員として働いた夫と40年専業主婦の妻の夫婦を「モデル世帯」として計算に使っています。2019年の夫婦の年金額は名目ベース（額面）で22万円です。一方、2019年の現役男子の手取り年収（税金、社会保険料控除後）は35・7万円としていますので、所得代替率は、22／35・7で、61・7％です。

それが、財政検証のケースⅢ（経済の状況によって年金がどう変わるかを検証した6つのケースのうち実質経済成長率が0・4％のケース）で、2047年（基礎年金のマクロ経済スライドによる調整終了）の所得代替率は50・8％とされています。分子の年金額は24万円です。この24万円というのは、物価上昇率で2019年に割り戻した実質額です。分母の現役男子の手取り収入は47・2万円です。所得代替率（現役男子の平均の手取り収入の何％に当たるか）は現在よりも2割下がります。現役世代の生活水準に比べて、年金生活者の生活水準が相対的に下がるということです。

3 あなたの加入する年金は？

公的年金には、国民年金と厚生年金があります。20歳以上60歳未満の自営業者、会社員や公務員の配偶者、学生は国民年金に加入します。会社員、公務員などは、20歳未満の人から原則70歳までの在職中の人は厚生年金に加入します。20歳以上60歳未満の人は、同時に国民年金の第2号被保険者です。

■年金を受け取る条件

老齢基礎年金は、保険料免除期間（※）等を含めて10年以上あれば年金を受け取ることができます。しかし、保険料納付済み期間が短ければ年金額は少額です。

老齢厚生年金は、老齢基礎年金の受給資格があり、その上で厚生年金の加入期間が1ヵ月以上あることが条件で受け取れます。

保険料納付期間が10年未満の場合、国民年金に任意加入をすることで、受給資格を

受給資格期間

受給資格期間　保険料納付済期間 ＋ 保険料免除期間 ＋ 合算対象期間が10年以上

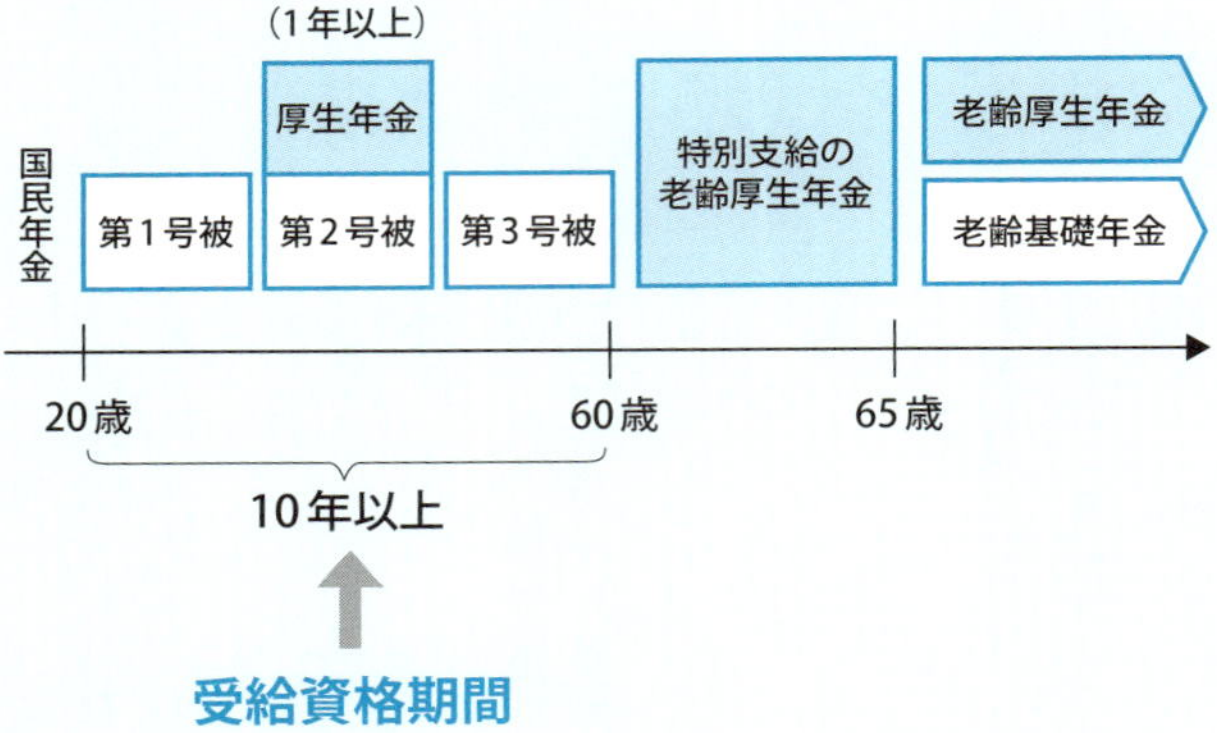

保険料免除期間

（※）もし、保険料を納めることが難しい場合は、市区町村の窓口や年金事務所などへ申請することで、「免除」や「猶予」をしてくれます。「免除」や「猶予」を受けた期間は、受給資格期間に入れてもらえます。「法定免除」と「申請免除」の期間は年金額にも反映してくれます。先に述べた追納もできます。

表1　国民年金と厚生年金

	被保険者の種類	老後に受ける年金
国民年金	第1号被保険者 ・自営業者・自営業者の妻・学生 ・20歳以上60歳未満の国内在住者（第2号・第3号被保険者以外の全員）	老齢基礎年金
	第3号被保険者 ・第2号被保険者に扶養される20歳以上60歳未満の配偶者	
厚生年金	第2号被保険者 ・会社員・公務員・教員など	老齢厚生年金 老齢基礎年金

満たすことができる場合があります。また、保険料を免除されていた人が、10年までさかのぼって保険料を納める追納や、65歳までの任意加入で老齢基礎年金額を増やすこともできます。

■保険料

第1号被保険者の保険料は、令和元年度は一律月額1万6410円です。保険料は、送られてくる納付書、口座振替、クレジットカードなどで自分で納めます。半年分、1年分、2年分を一括で前納すると割引もあります。

平成31年4月からは、出産に際し、出産予定日の前月から4ヵ月間（双子以上の場合は前

表2　保険料の「免除」と「猶予」

法定免除	申請免除	学生納付特例	納付猶予
障害年金（1、2級）を受け取っている人。生活保護法による生活扶助等を受けている人。	申請することで事由に該当すれば、「全額免除」、「4分の3免除」、「半額免除」、「4分の1免除」される。所得の要件がある。	20歳以上の学生で本人の所得が一定以下の場合。	20歳以上50歳未満で、本人・配偶者の前年所得が一定額以下の人。
年金額の計算には一定の割合で反映される。		年金額の計算には反映されない（追納しなかった場合）。	

3ヵ月から6ヵ月間）の保険料が免除されるようになりました（国民年金保険料の産前産後期間の免除制度）。免除期間中は保険料を納めたものとして計算されます（保険料納付済期間）。

第2号被保険者の保険料は、収入によって違います。月給と賞与を合わせた金額の9・15％（私立学校の教職員は異なる）を支払います（同じ金額の保険料を会社等が支払ってくれています）。

また、会社員など厚生年金の人は、産前産後休業、育児休業期間中の保険料が免除されます。免除期間中は保険料を納めたものとして計算されます（保険料納付済期間）。

第3号被保険者は国民年金保険料の負担はありません。

4 いくらもらえるの？

会社員の大森敦司さん（57歳）・妻昌美さん（53歳専業主婦）の例で見てみましょう。
ご夫婦が受け取れる年金はいくらでしょう。

プロフィール

◉大森敦司さん

昭和37年4月生まれ（57歳）
22歳で就職し、60歳で退職予定。厚生年金・国民年金加入期間は38年の予定
在職中の平均年収700万円（平均標準報酬額58・3万円）

◉昌美さん

昭和41年5月生まれ（53歳）

10年間会社に勤務。現在は第3号被保険者。厚生年金加入期間10年、国民年金40年加入予定

在職中の平均年収は300万円（平均標準報酬額25万円）

敦司さんの年金額を求めてみましょう。加入年数は38年、平均年収は700万円です。96～97ページの表3「老齢厚生年金の早見表」をごらん下さい。縦軸「加入期間は38年」、横軸の「平均年収は700万円」で交差しているところが受給できる年金額です。受給額は145・7万円（約146万円）です。

老齢基礎年金は、98ページの表4「老齢基礎年金早見表」を見て下さい。加入期間が38年ですので、受給額は74・1万円です。妻の昌美さんは、それぞれの表から老齢厚生年金は16・4万円、老齢基礎年金は78万円と分かります。

図9のように敦司さんは、加給年金が受け取れますので、65歳までは259万円です。昌美さんが65歳になると、夫婦で353万円の年金が受け取れます。ただし、これらは額面です。ここから社会保険料や税金が引かれます。

図9　大森さんご夫婦の受給できる年金（額面）

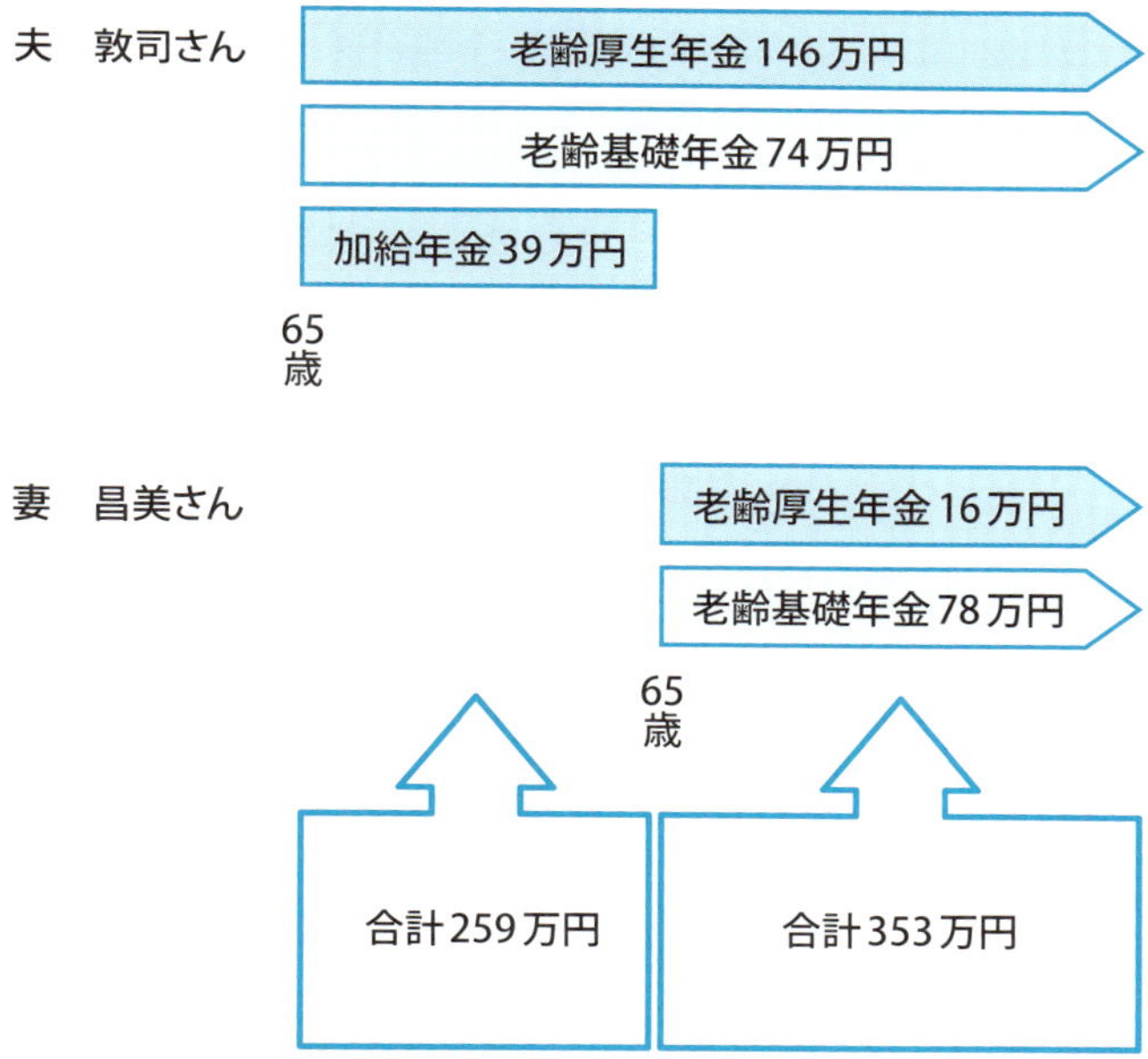

※厚生年金の加入期間が20年以上あり、生計を維持している年収850万円未満の65歳未満の配偶者がいるときは、**加給年金**が受け取れます。配偶者年齢によって特別加算がされます。18歳未満の子ども、障害1、2級のある子どもがいる時は加算があります。
妻が65歳になって老齢基礎年金を受け取れるようになると、昭和41年4月1日以前に生まれて、厚生年金加入期間が20年未満の場合、**振替加算**がつきます。金額は妻の生年月日によって変わります。**昌美さんは、昭和41年5月生まれですので、該当しません。**
https://www.nenkin.go.jp/service/jukyu/roureinenkin/kakyu-hurikae/20150401.html

800	750	700	650	600	550
66.6	62.5	58.3	54.1	50	45.83
年額(万円)	年額(万円)	年額(万円)	年額(万円)	年額(万円)	年額(万円)
4.4	4.1	3.8	3.6	3.3	3.0
21.9	20.6	19.2	17.8	16.4	15.1
43.8	41.1	38.3	35.6	32.9	30.1
65.7	61.7	57.5	53.4	49.3	45.2
87.6	82.2	76.7	71.2	65.8	60.3
109.5	102.8	95.9	89.0	82.2	75.4
131.4	123.3	115.0	106.7	98.7	90.4
140.2	131.5	122.7	113.9	105.2	96.5
153.3	143.9	134.2	124.5	115.1	105.5
166.5	156.2	145.7	135.2	125.0	114.5
175.2	164.4	153.4	142.3	131.5	120.6
188.4	176.8	164.9	153.0	141.4	129.6
197.1	185.0	172.6	160.1	148.0	135.6

敦司さんの受給額

300	250	200	150	106
25	20.8	16.7	12.5	8.8
年額(万円)	年額(万円)	年額(万円)	年額(万円)	年額(万円)
1.6	1.4	1.1	0.8	0.6
8.2	6.8	5.5	4.1	2.9
16.4	13.7	11.0	8.2	5.8
24.7	20.5	16.5	12.3	8.7
32.9	27.4	22.0	16.4	11.6
41.1	34.2	27.5	20.6	14.5
49.3	41.0	33.0	24.7	17.4
52.6	43.8	35.1	26.3	18.5
57.6	47.9	38.4	28.8	20.3
62.5	52.0	41.7	31.2	22.0
65.8	54.7	43.9	32.9	23.2
70.7	58.8	47.2	35.4	24.9
74.0	61.6	49.4	37.0	26.0

昌美さんの受給額

4月以降の「平均標準報酬額」(平均年収÷12月)で計算しています。年間の賞与が月給の
ので参考にしていただけます。
標準報酬額」は、87万円((62万円×12月+150万円×2回)÷12月)となり、年収は、

表3　老齢厚生年金の早見表

平均年収（万円）	1040	950	900	850
平均標準報酬額（万円）	86.6	79.2	75	70.8
加入期間（年）	年額（万円）	年額（万円）	年額（万円）	年額（万円）
1	5.7	5.2	4.9	4.7
5	28.5	26.0	24.7	28.3
10	57.0	52.1	49.3	46.6
15	85.4	78.1	74.0	69.8
20	113.9	104.2	98.7	93.1
25	142.4	130.2	123.3	116.4
30	170.9	156.3	148.0	139.7
32	182.3	166.7	157.9	149.0
35	199.4	182.3	172.7	163.0
38	216.4	198.0	184.5	177.0
40	227.8	208.4	197.3	186.3
43	244.9	224.0	212.1	200.2
45	256.3	234.4	222.0	209.5
平均年収（万円）	500	450	400	350
平均標準報酬額（万円）	41.6	37.5	33.3	29.2
加入期間（年）	年額（万円）	年額（万円）	年額（万円）	年額（万円）
1	2.7	2.5	2.2	1.9
5	13.7	12.3	11.0	9.6
10	27.4	24.7	21.9	19.2
15	41.0	37.0	32.9	28.8
20	54.7	49.3	43.8	38.4
25	68.4	61.7	54.8	48.0
30	82.1	74.0	65.7	57.6
32	87.6	78.9	70.1	61.5
35	95.8	86.3	76.7	67.2
38	104.0	93.7	83.2	73.0
40	109.4	98.7	87.6	76.8
43	117.7	106.1	94.2	82.6
45	123.1	111.0	98.6	86.4

平成15年3月以前は、「平均標準報酬月額」をもとに計算しますが、この表は、平成15年
3.6ヶ月分（30%）であれば、「平均標準報酬」「平均標準報酬月額」はほぼ同じ金額になる
また、平均標準報酬の上限の62万円、賞与も上限の150万円で年2回支給の場合、「平均
1000万を超えますので、1000万円まで計算しています。
（千円未満四捨五入 岩城試算）

表4　老齢基礎年金早見表

老齢基礎年金は65歳から受け取れます。
年金額は40年間すべて保険料を納めると満額78万100円（令和元年度）です。

計算式

$$780{,}100円 \times \frac{保険料納付済月数 + 4分の1免除月数 \times 7/8 + 半額免除月数 \times 3/4 + 4分の3免除月数 \times 5/8 + 全額免除月数 \times 1/2}{480月（※1）}$$

※1　昭和16年4月1日以前生まれの人は加入可能月数に置き換えて算出。
480月を超えた場合、超えた期間の月数は、4分の1免除月数は3/8、半額免除月数は1/4、4分の3免除月数は1/8を乗じる。

老齢基礎年金早見表

令和元年度の年金額

保険料納付済み期間（年）	40	38	36	34	32	30	28	26	24	22	20	18	16	14	12	10
金額（万円）100円以下四捨五入	78.0	74.1	70.2	66.3	62.4	58.5	54.6	50.7	46.8	42.9	39.0	35.1	31.2	27.3	23.4	19.5

（出所）岩城計算

年収に関係なく、加入期間1年ごとに約2万円増えて、
満額78万100円（令和元年度）です。

必要な貯蓄額を計算する……❹

「人生設計の基本公式」を具体的に使ってみよう！

年金がいくら受け取れるか分かったところで、さまざまなケースを想定して、「人生設計の基本公式」を使ってみましょう。

あらかじめ、おことわりしておきますが、以下の例で示す考え方が唯一の「正解」だというわけではありません。人の価値観はさまざまです。どのようにお金を使っていただいても構いませんが、実現できる「必要貯蓄率」を求め、貯蓄を実行していかなければ、人生の経済的なつじつまが合わなくなってしまう可能性が大きいということは心得て下さい。

必要貯蓄率を計算し、その通りに貯蓄ができていれば、将来に対して、ひとまずは安心してよいでしょう。漠然とした「老後不安」を解消することがまずは大切なのです。

「漠然とした不安」は、間違った行動を引き起こします。例えば、「老後資金が足りない、なんとかしなくては」と勧められるままに資産運用にはふさわしくない金融商品を買うなどです。「人生設計の基本公式」で計算してみて、人生全体のお金の流れのつじつまが合っているか否かを知ることが大切です。

1 新入社員の必要貯蓄額を考える（23歳・会社員）

では、具体的に考えていきましょう。大学を卒業して、企業に就職して23歳になった新入社員の男性は、自分の人生とお金について、どのようなイメージを持つとよいのでしょうか。

彼は、将来、出世して高い所得を手にするかもしれませんし、あるいは、あまり出世せず、収入も大きくは増えないかもしれません。未来のことは、今の時点では分かりませんが、次のように考えることができると思います。

「これからたくさん稼ぐようになると、現役時代の生活費をたくさん使うようになるだろうし、その場合、老後にもそれなりにお金を使うことになるのではないか。『それなり』にしか稼がない場合は、現役時代と老後の生活費は、それぞれ『それなり』だろう」

そうです。多くの場合、現役時代の支出と老後の支出に、一定の関係があるということは想像できるでしょう。そこで、考えるべきは、自分は何歳まで現役で働いて、その後、何年間を老後期間とするのかということです。つまり、現役時代に手取り収入からいくら貯蓄して老後に回したらよいのかという「バランス」です。

さて、60ページで、「今後の手取り年収」について解説しましたが、実は、将来の「手取り年収」の平均がいくらであるかというのは、式としては、あまり重要な問題ではありません。例えば、「手取り年収」を「１００」としておいてもいいし、代数計算が好きな方は「Y」などとして数式で計算しても構いません。

むしろ、大切な考え方は、「現役」時代の稼ぎの一部を、計画的に「老後」に移動するということです。つまり、今の収入は、今のあなたの生活を支えるお金であるけれど、同時に歳をとってからの自分、将来のあなたを支えるお金でもあるということです。

「23歳の新入社員山田くん」の一生をさまざまなケースで想定して、考えてみましょう。

山田くんが生涯シングルだったとすれば、65歳まで現役、１００歳まで生きる場合の必要貯蓄率

まず、「今後の手取り年収」は、同じ会社の40歳の先輩の年収６００万円を参考にして、社会保険料・税引後で「４８０万円」とします。もしかしたら、給与の生涯平均額はもう少し上かもしれませんが、「迷ったときは、控えめに」です。

次に、「現役年数」と「老後年数」を考えます。まず、現役年数は、「65歳」までの42年間とし、「老後年数」は「１００歳」まで生きると考え、65歳以降「35年間」として計算します。「老後生活費率」は０・７倍とします。

「年金額」は、96～97ページの「老齢厚生年金早見表」から計算します。年収は６００万円（平均標準報酬額50万円）で加入期間は22歳から65歳までの43年間ですので、老齢厚生年金は１４１・４万円。老齢基礎年金は満額の78万円で、合計２１９・４万円ですので、年金額は約２１９万円です（額面）。式に入れる時は、手取りの金額を入れます。年金は「雑所得」という所得で、税金や国民健康保険料、介護保険料が差し引かれます。住んでいる自治体によって社会保険料は違いますので、正確に出そうと思えば各々調べていただく必要があります。**便宜的に、年金の手取り額は額面の８～９割とするとよいでしょう。基本的には年金額が増えると税・社会保険料は増えます。**山田くんの場合は、額面に対する手取りの比率を９割として１９７万円としました。

「現在資産額」は、新入社員なので貯蓄０です。

これを計算すると図10のように、「必要貯蓄率」は約15・２％となりました。手取り年収の約15％を貯蓄する必要があります。

新入社員山田くん世代では、想定すべき寿命がより延びているのではないかと考え、

図10　23歳の新入社員、65歳まで現役、寿命は100歳の場合

$$\underset{\text{必要貯蓄率}}{0.1524} = \frac{\underset{\text{老後生活費率}}{0.7} \times \underset{\text{手取り年収}}{480} - \underset{\text{年金額}}{197} - \dfrac{\overset{\text{現在資産額}}{0}}{\underset{\text{老後年数}}{35}}}{\left(\dfrac{\overset{\text{現役年数}}{42}}{\underset{\text{老後年数}}{35}} + \underset{\text{老後生活費率}}{0.7} \right) \times \underset{\text{手取り年収}}{480}}$$

※老後生活費は約23万7000円

ベストセラー『ＬＩＦＥ ＳＨＩＦＴ １００年時代の人生戦略』（リンダ・グラットン、アンドリュー・スコット著、池村千秋訳、東洋経済新報社）が、問題として指摘しているように、「１００歳」を使って計算しました。

生涯を通して、手取り年収の約15％を貯蓄していくことで、リタイアメント後、約24万円ほどの老後生活費を１００歳まで確保できる計算です。手取りが増えれば相対的に貯蓄額も増えていくことになります。

若いときは、年収が低いので、貯金するのは大変だとか、貯金するよりも自己投資にお金を使うべきだといった意見もありますが、**貯蓄の**

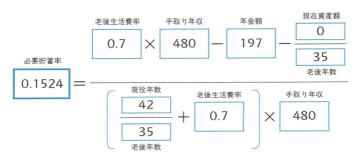

重要性には早い時期に気付くことが肝要です。さらに、貯蓄習慣を身につけることは、あなた自身の人生をより主体的にすることにつながります。

必要貯蓄率の数字は将来増減することがあり得ますが、まずは、「将来何が起こるか分からない。でも、手取り収入の１～２割くらいは貯蓄しないといけないようだし、その貯蓄ができていれば、将来何とかなるだろう」という意識を持っていただけるといいと思います。**「運よく余ったら貯蓄する」のではなく、必要額を先に貯蓄し、残りで生活します。**

加えて、将来、収入が増えたとき、気持ちよく支出を増やすのではなく、今後、結婚して子どもができれば教育費が大変だろうといったことを想像できるとよいでしょうし、貯蓄習慣を作る第一歩として、「まず確定拠出年金やつみたてＮＩＳＡを使えるだけ使おう！」と考えられるなら、さらに素晴らしいですね。

今後、結婚したり子どもができたり、ライフスタイルが変わったときは、その都度、計算し直して下さい。

なお、貯蓄額と確定拠出年金やつみたてＮＩＳＡの関係や使い方については、第３

章でご説明します。

結婚するときに考えること

山田くんが33歳になり、5歳年下の28歳の女性と結婚することになった場合について考えてみましょう。ポイントは、「妻の働き方」です。

■5歳年下の妻が専業主婦のケース

33歳時点で「人生設計の基本公式」を再計算します。社会保険料・税引後の「今後の平均手取り年収」は、先ほどと同じ「480万円」です。山田くんは、就職して10年ですが、コツコツと貯蓄を続け、「現在資産額」が、「450万円」になりました。必要貯蓄率をしっかり守り、時にはそれ以上を貯蓄してきた結果です。

結婚すると、計算式はどう変わるの？

さて、結婚すると何が変わるでしょうか。

まず、実生活では、生活費が変化するでしょうが、1人暮らしから2人で暮らすようになっても、生活費がそのまま2倍に増えるわけではありません。

外食に頼りがちな無駄の多い1人暮らしをしていた人だと、結婚することで、食生活が改善され、かつ、生活費自体は、これまでとさほど変わらないということも多いと思います。


山田くんが「これまでの支出とさほど変わらずに済みそうだ」と考えたとすると、生活態度としてはまずまず優秀だと言えそうですが、しかし、妻への愛情が少々不足しているかもしれません。

なぜなら、5歳年下の奥様は、夫よりも5年以上長生きする確率が大きいからです。「老後年数」を「40年」として必要貯蓄率を計算し直してみるべきでしょう。この点の考慮は、特に年の差が大きな夫婦の場合は重要です。「老後年数」を5年延ばして「40年」としますが、負担だけが大きくなるわけではありません。妻の分の年金額が増えますし、妻が働いている場合は、収入も増えます。

結婚を機に、「人生設計の基本公式」を再計算する際、ひとつ大切なことがあります。それは、**家計で最も大切なのは、「いかに貯められるか」だということです。**日頃、お金の相談をお受けしていると、共働きの夫婦は、「お財布が別」という人が圧倒的多数なのですが、私は、これらの家計を、「ブラックボックス家計」と呼んでいます。お互いに相手の年収も貯蓄額も知らないという状態です。皆さんに理由を聞くと、「パートナーに財布の中味を知られたくない！」と言います。秘密にしたい気持ちも分かりますが、でも、実際に貯蓄額が多いのは、家計を1つにして、「ガラス張り」にしている家計です。ぜひ、2人の収入、貯蓄は合算して計算して下さい。

■妻が専業主婦のケースで計算

では、山田くんのケースで計算しましょう。まずは、28歳の妻が専業主婦の場合で

図11　妻が専業主婦の場合の「必要貯蓄率」

$$\underset{\text{必要貯蓄率}}{0.0663} = \frac{\underset{\text{老後生活費率}}{0.7} \times \underset{\text{手取り年収}}{480} - \underset{\text{年金額}}{277} - \dfrac{\overset{\text{現在資産額}}{450}}{\underset{\text{老後年数}}{40}}}{\left(\dfrac{\overset{\text{現役年数}}{32}}{\underset{\text{老後年数}}{40}} + \underset{\text{老後生活費率}}{0.7}\right) \times \underset{\text{手取り年収}}{480}}$$

※老後生活費は約26万1000円

す。

基本的には「年金額」のみ加算します。仮に、妻が、結婚するまで20歳から会社員として働き、平均年収２５０万円だったとします。今度は、表５の簡易計算式を使って年金額を求めてみましょう。

２５０万円×０・００５５×８年間＝11万円

老齢厚生年金は11万円です。今後第３号被保険者となりますので、老齢基礎年金は加入期間40年で満額の78万円とすると、合計で89万円（額面）です。手取りは80万円とします。

夫婦の年金額は、「２７７万円」になります。現役年数は65歳－33歳＝32歳で「32年」、老後年数は長めに「40年間」とします。必要貯蓄率は、約６・６％です（図11）。

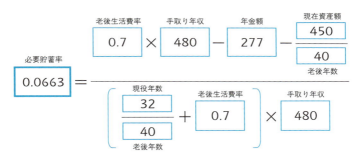

表5　老齢厚生年金の簡易計算式

厚生年金受取額	=			
平均年収（月給の平均×12月＋賞与）	×	0.0055	×	加入年数

報酬比例部分の額の計算式は

	平成15年3月までの被保険者期間の平均標準報酬月額	× 7.125/1000 ×	平成15年3月までの被保険者期間の月数
＋	平成15年4月以降の被保険者期間の平均標準報酬額	× 5.481/1000×	平成15年4月以降の被保険者期間の月数

で求めます。

簡易計算式では、平成15年4月以降の5.481/1000の小数点第五位を四捨五入して0.0055を使って計算しています。年間の賞与が月給の3.6ヶ月分（30%）であれば、「平均標準報酬」「平均標準報酬月額」はほぼ同じ金額になるので参考にしていただけます。

年金額が増えることで一気に下がりました。ただ、この時点では、人生にかかる様々な支出を考慮していません。単なる計算上の楽観的な数字です。以降の妻の働き方を変えたケースも同じです。

■妻が会社員のケース

次に、妻が会社員の場合を考えてみましょう。

妻の今後の平均手取り年収が300万円とすれば、「手取り年収」は、夫婦合算して「780万円」となります。「年金額」は、妻の平均年収を370万円として、20歳から60歳まで40年間働くとすると、簡易計算式から老齢厚生年金は81・4万円、老齢基礎年金は満額の78万円で合計159・4万円です。手取りは約144万円とします。夫婦合算して「年金額」は197万円＋144万円＝341万円になります。収入が増える分、老後生活費率も下げられますので「0・6」とします。「現役年数」は、夫の方（収入の多い方）に合わせて控えめにするとして「32年」のまま、「老後年数」は妻の長生きリスクに合わせて「40年」として計算します。

すると、必要貯蓄率は約10・6％、老後生活費は約34万9000円です。仮に、老

図12　妻が会社員の場合の「必要貯蓄率」

$$\underset{\text{必要貯蓄率}}{0.106} = \frac{\underset{\text{老後生活費率}}{0.6} \times \underset{\text{手取り年収}}{780} - \underset{\text{年金額}}{341} - \dfrac{\overset{\text{現在資産額}}{450}}{\underset{\text{老後年数}}{40}}}{\left(\dfrac{\overset{\text{現役年数}}{32}}{\underset{\text{老後年数}}{40}} + \underset{\text{老後生活費率}}{0.6} \right) \times \underset{\text{手取り年収}}{780}}$$

※老後生活費は約34万9000円

後生活費率を「0・5」に下げると老後生活費は31万3000円になります。この位下げても大丈夫だと思えば、そうしても構いません。必要貯蓄率は3・7％に下がります。

つまり、老後生活費率を下げると、必要貯蓄率も下がり、現在の暮らしに余裕が生まれます。逆に、必要貯蓄率を高く設定すれば老後の生活資金がより多く確保できます。「今の収入は将来の自分を支えるお金である」と意識して、計画的に貯蓄をしていく選択をするということです。

ここで、「所得代替率」をもう一度思い出して欲しいのですが、ケースⅢは、所得代替率（現役男子の平均の手取り収入の何％に当たるか）が現在より2割下がるという試算でした。204

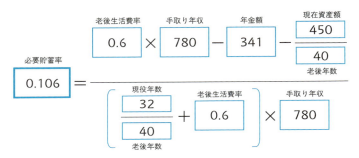

7年（基礎年金のマクロ経済スライドによる調整終了）の所得代替率は50・8％でした。これは、現役世代の生活水準に比べて、年金生活者の生活水準が相対的にはかなり下がる、つまり、貧困度合いが悪化すると考える必要はあるでしょう。老後生活費になるべく余裕をもたせて計画しておくことも大切です。長期的な視野を持ちながら、かつ、実行可能な必要貯蓄率を算出して貯蓄をしていくことこそ、お金の人生設計において重要なポイントなのです。

■パートの場合

また、別のパターンでも考えてみましょう。

当面は、夫の稼ぎで生活設計をするものの、ある程度の期間、補助的に妻がパートなどに出て稼ぐというケースも多いでしょう。

この場合、基本的には、夫の稼ぎをベースに生活を組み立てることになりますので、妻が専業主婦のケースと同じ数字を使います。「年金額」は277万円です。

妻がパートに出て、仮に年間100万円を5年間稼ぐと仮定すると、この合計500万円は、すべて貯蓄に回すことにして、「現在資産額」に加えて計算します。す

図13　妻のパート収入を反映した場合

$$\underset{\text{必要貯蓄率}}{\boxed{0.049}} = \frac{\underset{\text{老後生活費率}}{\boxed{0.7}} \times \underset{\text{手取り年収}}{\boxed{480}} - \underset{\text{年金額}}{\boxed{277}} - \frac{\overset{\text{現在資産額}}{\boxed{450+500}}}{\underset{\text{老後年数}}{\boxed{40}}}}{\left(\frac{\overset{\text{現役年数}}{\boxed{32}}}{\underset{\text{老後年数}}{\boxed{40}}} + \overset{\text{老後生活費率}}{\boxed{0.7}} \right) \times \overset{\text{手取り年収}}{\boxed{480}}}$$

※老後生活費は約26万6000円

ると、「必要貯蓄率」は4・9％に下がります。妻のパート収入を生活費として消費しないことで、家計は楽になります。

しかし、以上は、大きな支出を全く考えない、楽観的な数字です。実際には、子どもが生まれれば教育費が必要になるなど、人生には様々な支出が生じます。これらを式に反映していきましょう。

子どもが生まれ、子どもの教育費を想定すると……

では、山田さん夫婦に、子どもが1人生まれたとして考えてみましょう。この子が中・高・

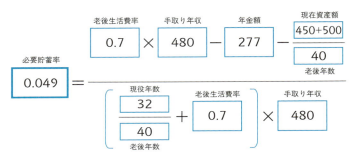

表6　児童手当の受給額

0歳～3歳未満	一律15,000円
3歳～小学校修了前 （第2子まで） （第3子以降）	 10,000円 15,000円
中学生	一律10,000円
所得制限額以上	一律5,000円

※平成24年6月から所得制限が設けられています。

大学とすべて私立の学校に通うとすると、大学が文系だと学費だけで約１４００万円、理系になると、約１５００万円かかります。高校までは毎月の支出からまかない、大学進学資金を「現在資産額」から支出できれば理想的です。必要貯蓄率が守れないようなら、妻の働き方を変えて収入を増やすことを考えます。

また、中学卒業まで受け取れる「児童手当」は全額貯めていきましょう。受給できる中学３年生までの15年間の合計金額は、約１９８万円（３月生まれ）～２０９万円（４月生まれ）になります（一定以上の所得の人は、月５０００円に減額されます）。

では、式に反映します。教育資金は１０００万円として、「現在資産額」から差し引きます。

図14　子どもの教育資金1000万円を反映した場合

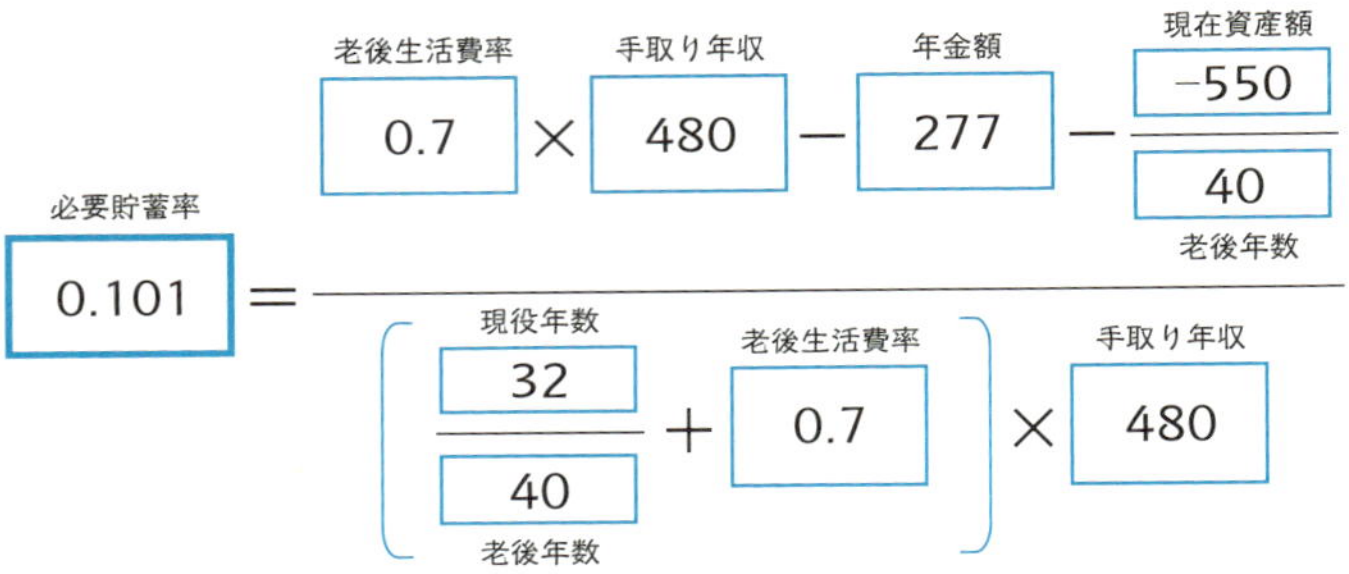

※老後生活費は約25万2000円

450万円－1000万円で「現在資産額」は「マイナス550万円」になります。妻が専業主婦のケースだと約6・6％（図11）だった必要貯蓄率は約10・1％に増えます。子どもが2人で同じように教育費を1000万円とすると、必要貯蓄率は約13・6％になります。ここで貯蓄額についてもう一度おさらいしておきましょう。求めた「必要貯蓄率」は、今後実行すべき貯蓄率です。33歳の山田さんの現在の手取り年収を320万円とすると、320万円×10・1％で年間の貯蓄額は約32万3000円です。手取り年収が400万円に上がれば貯蓄額も上がり40万4000円になります。

これらを先に貯蓄して残りで生活します。今後住宅ローンを組んだり、子どもを塾に通わせたりすると支出が増えますが、必要貯蓄率が守れていればひとまずは安心ということです。

逆に守れないとなると、支出を減らしたり収入を増やすことを検討しなければなりません。住宅の物件価格が高すぎないか考える、或いは教育費など削れない支出なら、妻がパートに出るなどして、家計の収入を増やすなどです。

2 住宅を購入し、ローンを組んだ場合（45歳・会社員）

今度は、もう少し年齢を上げてみましょう。45歳の会社員の家計を考えてみます。現在、借家住まいで毎月15万円の家賃を支払っています。妻は働いていません。

「今後の平均手取り年収」６５０万円、「現在資産額」１５００万円で、60歳まで現役で働くつもりです（「現役年数＝15年」、95歳までの老後期間（35年））。彼の会社では、現在の年齢から55歳くらいまで年収が上がりますが、その後２～３割ダウンします。老後の生活費は今後に想定する平均年収の０・６倍としました。「年金額」は、老齢厚

図15　45歳の男性会社員が60歳まで働く場合

必要貯蓄率

$$\underset{\text{必要貯蓄率}}{0.1184} = \frac{\underset{\text{老後生活費率}}{0.6} \times \underset{\text{手取り年収}}{650} - \underset{\text{年金額}}{268} - \dfrac{\overset{\text{現在資産額}}{1500}}{\underset{\text{老後年数}}{35}}}{\left(\dfrac{\overset{\text{現役年数}}{15}}{\underset{\text{老後年数}}{35}} + \underset{\text{老後生活費率}}{0.6} \right) \times \underset{\text{手取り年収}}{650}}$$

※老後生活費は約28万7000円

生年金が平均年収７００万円、加入期間38年間で、早見表から「１４５・７万円」、老齢厚生年金は74・１万円で合計すると「２１９・８万円」、手取りは約１９７・８万円です。妻（45歳）の年金額は「78万円」、手取り70・２万円で、合算すると２６８万円です。「年金額」は「２６８万円」とします。

この人の「必要貯蓄率」は11・８％です。この貯蓄率を守れた場合、老後生活費は約28万７０００円です。今後、賃貸のまま生活するにはやや厳しい金額でしょう。

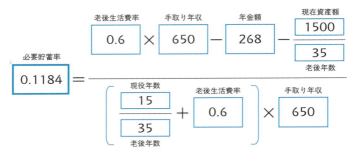

図16　45歳の男性会社員が住宅を購入した場合

$$\underset{\text{必要貯蓄率}}{0.1611} = \frac{\underset{\text{老後生活費率}}{0.6} \times \underset{\text{手取り年収}}{650} - \underset{\text{年金額}}{268} - \dfrac{\overset{\text{現在資産額}}{500}}{\underset{\text{老後年数}}{35}}}{\left(\dfrac{\overset{\text{現役年数}}{15}}{\underset{\text{老後年数}}{35}} + \underset{\text{老後生活費率}}{0.6}\right) \times \underset{\text{手取り年収}}{650}}$$

※老後生活費は約27万3000円
※ただし、ローンを返済しつつ達成しなければならない！

住宅ローンを組んだ場合をシミュレーション

そこで男性は2つの対策を検討しました。

1つは、老後生活費率を上げてより多くの老後資金を積み立てることです。仮に「0・8」とした場合、必要貯蓄率は約26・2%になりますが老後生活費は約32万円になります。

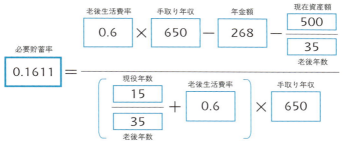

2つめは、住宅を購入することです。

頭金1000万円を出し、3000万円のローンを組んで住宅を買う場合、頭金の1000万円を「現在資産額」から差し引きます。すると、必要貯蓄額は「16%」になります。毎月のローンを支払ってもこの貯蓄率を達成できるのなら問題はありません。ただし老後生活費は27万円程を想定していますので、そこからローン返済となると厳しいでしょう。リタイアまでにローンを完済することが必要です。

しかし、貯蓄が難しいとすれば、どう考えるべきでしょうか。

住宅購入をした場合のメリットを考えてみましょう。家を購入することなく、リタイアメント後も家賃を払い続ける場合、仮に、家賃が毎月15万円とすれば、年間180万円かかります。

持ち家の場合、ローン返済後、固定資産税や家の修繕などにかかる費用を年間90万円と想定しても、おおよそ半分くらいは老後の生活費を助けていると見込んでもよいでしょう。そこで、持ち家のメリットを年間90万円として年金額に加える。あるいは、老後生活費率を下げるということができると思います。すると、必要貯蓄率は約2・7％に下がります。老後生活費は約31万6０００円です。

また、退職一時金を「現在資産額」に加えるという方法もあります。色々試してみて下さい。大事なのは、今後守っていける貯蓄率を出すことです。

「人生設計の基本公式」は、もっと貯蓄せよということを言うためだけにあるわけではありません。これだけ貯蓄できているなら、当面もっとお金を使っても大丈夫です、という貯蓄の額を求めるための計算式でもあるのです。

貯蓄は大切ですが、けっして、人生の目的ではありません。お金は、予算内で、適切に使ってこそ価値を生むのです。

しかし、これから労働人口が急激に減ることと、空き家が増えることが確実な日本で、住宅を買うのがいいことなのかなど、考えなければならない要素はあります。また、不動産の購入については、いつ買うかということも重要になってきます。今後数十年の家族の状況の変化を考えると、賃貸の方が柔軟であると言えるでしょうし、リタイアメント後に、年金から住宅ローンを支払うのはかなり厳しいでしょう。また、退職金でローンの残金を一括返済する場合は、老後生活費が減ることになります。仮に老後を30年間とすれば360カ月です。退職一時金から360万円一括返済すると、毎月の生活費は一万円減ることになります。720万円返済すると、月2万円の減額です。計画的に行うことが大切です。

住宅ローンを組む際は、家計にとって無理がないかどうかを慎重に考えるべきでしょう。「人生設計の基本公式」で、必要貯蓄率を計算してみて、ローンを返済しながらそれが達成可能であるかどうかを判断の目安として下さい。

3 シングルマザー子ども1人のケース（30歳・自営業）

自営業の方は、基本的には老齢基礎年金のみの受給になりますので、人生設計についてより慎重に考えていく必要があります。

子どもに教育費をどこまでかけるかも、住宅ローンの考え方と同じです。基本的には、高校までの教育費は、月々の生活費の中でまかなっていくのが理想ですので、塾代や学費などを支払いながら、必要貯蓄率が達成できることを目指します。

自営業でシングルマザー、30歳の彼女の今後の「平均手取り年収」は、控えめに考えて「500万円」です。経営者として働いていますので、70歳までは仕事を続ける

図17　30歳の自営業シングルマザーの場合

$$\underset{\text{必要貯蓄率}}{0.2262} = \frac{\underset{\text{老後生活費率}}{0.7} \times \underset{\text{手取り年収}}{500} - \underset{\text{年金額}}{70} - \dfrac{\underset{\text{現在資産額}}{1500}}{\underset{\text{老後年数}}{30}}}{\left(\dfrac{\underset{\text{現役年数}}{40}}{\underset{\text{老後年数}}{30}} + \underset{\text{老後生活費率}}{0.7} \right) \times \underset{\text{手取り年収}}{500}}$$

※老後生活費は約22万6000円

つもりで「現役年数」は「40年」、「老後年数」は、１００歳まで生きるとして、「30年」を想定しています。「年金額」は、国民年金のみですので「78万円」、手取りで70万円とします。「現在資産額」は「１５００万円」で、「老後生活費率」は「０・７」として計算すると、「必要貯蓄率」は22・６％（約23％）でした。

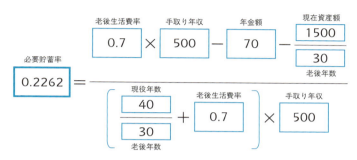

私立か公立かで生じる大きな違い

彼女には、現在、小学校2年生の子どもがいます。仮に、中学から大学まで私立に通わせるとして、大学が理系の場合、約１５００万円かかります。「現在資産額」の１５００万円が「0」となり、「必要貯蓄率」は、約27・５％に跳ね上がります。貯蓄額にすると、手取り年収500万円に対し、137万5000円、月額約11万5000円です。塾代など費用をまかないながら、達成できるならば、中・高・大オール私立も夢ではありません。しかし、難しいとなると、どこまで教育費をかけるかを考えなくてはなりません。中・高・大と公立にする、あるいは、中・高は公立で、大学だけ私立にするなど、進路を変更することです。

もっとも教育費を安く抑える進路は、中・高は公立で、学費は貯蓄を取り崩さず毎月の生活費の中からまかない、大学も国公立にすることです。国公立大学の学費は約500万円ですので、「現在資産額」からそれを差し引くと、「1000万円」が残り、「必要貯蓄率」は、約24％になります。おおよそ、現在想定する老後生活水準を維持できる計算です。

公立にするか、私立でもよいのか。子どもにどういう教育を受けさせるかは、ご家庭それぞれの考え方によります。

しかし、子どもの教育費にお金をかけすぎると、今度は、自分の老後が苦しくなります。結果、子どもに負担をかけてしまう……。そうならないためにも、教育費をどこまでかけてよいのかを正しく判断しなければなりません。

図18　幼稚園から大学卒業までにかかる学費の目安

	[国公立]	[私立]
幼稚園（3年）	約70万円	約145万円
小学校（6年）	約193万円	約971万円
中学校（3年）	約144万円	約398万円
高校（3年）	約135万円	約312万円
大学（4年）	約459万円	約640万円（文系） 約741万円（理系）
合計	約1001万円	約2412万円（文系） 約2513万円（理系）

（出所）文部科学省「平成28年度 子供の学習費調査」の「学校種別学習費総額の推移」と、日本政策金融公庫「教育費負担の実態調査結果（平成30年度）」の「高校卒業後の入学先別にみた卒業までに必要な入在学費用」から算出

千の位四捨五入：岩城計算

繰り返しになりますが、この際の、ポイントはただ一つ、「必要貯蓄率」が達成できるかどうかです。教育費、住宅ローンの返済額、そして、保険に加入する時、その他の費用の支出額の判断もすべて、「必要貯蓄率」が確保できるかどうかを基準に考えることが、分かりやすいし、同時に適切なのです。

それらの支出を行った上で、必要な貯蓄が確保できるのであれば、後は、あれこれ面倒なことを考えなくても大丈夫です。細かな節約にこだわる必要も、老後を不安に思うこともありません。

また、彼女の場合、年金の受給時期を繰り下げることも考えるとよいでしょう。仮に70歳まで5年間繰り下げると年金額は42%増えて、110・7万円、手取り99・6万円になります。手取りの「年金額」を「99万円」として計算すると、必要貯蓄率は約20%に下がります。

■自営業の夫婦のケース

夫30歳、妻30歳の自営業の夫婦のケースを考えてみましょう。

基本的な考え方は先の30歳の女性の場合と同じです。年金額は老齢基礎年金のみで

図19　夫30歳、妻30歳の自営業の夫婦の場合

$$\underset{\text{必要貯蓄率}}{0.252}=\frac{\underset{\text{老後生活費率}}{0.7}\times\underset{\text{手取り年収}}{800}-\underset{\text{年金額}}{140}-\dfrac{\overset{\text{現在資産額}}{300}}{\underset{\text{老後年数}}{30}}}{\left(\dfrac{\overset{\text{現役年数}}{40}}{\underset{\text{老後年数}}{30}}+\underset{\text{老後生活費率}}{0.7}\right)\times\underset{\text{手取り年収}}{800}}$$

※老後生活費は34万9000円

すので、夫婦合算して156万円、手取りは140万円です。

今後の「平均手取り年収」は、控えめに考えて「800万円」、70歳までは仕事を続けるつもりで「現役年数」は「40年」、「老後年数」は、100歳まで生きるとして、「30年」を想定しています。「現在資産額」は「300万円」で、「老後生活費率」は「0・7」とします。計算すると、「必要貯蓄率」は25・2%でした。仮に、老後生活費率を「0・5」に下げると、必要貯蓄率は約17%に下がります。老後生活費は約27万7000円です。

自営業の場合は、より自助努力が必要になりますので、まずは実行できる必要貯蓄率を求めて貯蓄をしていくことが大切です。さらに、

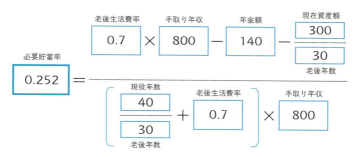

「付加年金」や「国民年金基金」などに加入して年金額を増やしたり、繰り下げ受給する。また、iDeCoやつみたてNISAを使って、税制優遇を賢く利用しながら、お金を増やしていくことも必要です。小規模企業共済も積極的に利用するとよいでしょう（繰り下げについては135ページで説明します）。

付加年金とは、国民年金第1号被保険者や任意加入被保険者が、定額保険料（令和元年は月額16410円）に付加保険料（400円）を上乗せして納めることで、受給する年金額を増やせる制度です。

付加年金額は、「200円×付加保険料納付月数」です。例えば20歳から60歳までの40年間、付加保険料を納めていた場合の年金額は、200円×480月（40年）＝9万6000円となります（付加年金は定額のため、物価スライド（増額・減額）はありません）。付加保険料を納めた分は、2年間でもとが取れるということです。

4 リタイアが近づいている人のケース（59歳・会社員）

「人生設計の基本公式」は、主として、現役期間と老後期間のバランスを取るために、現役期間にどれだけ貯蓄しなければならないかを計算し、大まかなお金の人生設計をするために開発した計算式ですが、現実に老後期を迎えた人の状況を考えてみましょう。

例えば、60歳で会社を退職し、今後の人生を考えている人がいるとします。この人が、退職一時金を含めて資産が３０００万円、年金額（手取り）が２４０万円だとすると、今後の生活について、どう考えたらいいでしょうか。

これまで「人生設計の基本公式」を使って考えましたが、今度は「老後設計の基本公式」を使って考えます。

図20　老後設計の基本公式

$$\text{取崩し可能額}(d) = \frac{\text{保有資産額}(A) - \text{年金額}(p) \times \text{未年金年数}(a) + \text{働く収入}(w) \times \text{働く年数}(b) - \text{最終資産額}(H)}{\text{想定余命年数}(n)}$$

$$\text{年間支出}(y) = \text{年金額}(p) + \text{取崩し可能額}(d) \qquad \text{月間支出}(y_M) = \text{年間支出}(y) \div 12$$

「老後設計の基本公式」とは、老後期間全体を通じて平均的にいくら取り崩すことができるのか、年金と合わせた生活費の目安を知ることで、老後の生活をイメージするというシンプルなものです。

式に入れる数字についてご説明します。まず、分子の「保有資産額（A）」は、現在の見込みの資産額を入れます。預貯金の他、退職一時金の見込み額や満期保険金、投資信託などの金融商品、売却可能な不動産は時価で加算できます。59歳男性は、現在、預貯金3000万円と終身保険の200万円がありますので、「保有資産額（A）」は、その合計の「3200万円」と入れます。

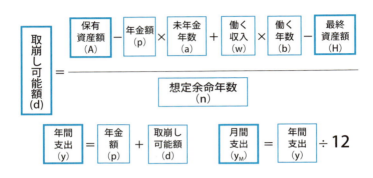

「年金額（p）」は、自分が受け取れる年金額の手取りの額を入れます。50歳以上の方は、「ねんきん定期便」で知ることができます。今後60歳まで現在の就業状態が継続されるという前提で、受給見込み額（額面）が記されています。

退職後は、年金をもらうまで無収入の期間があれば、貯蓄を取り崩して生活することになりますので、「年金額（p）」×無収入の期間である「未年金年数（a）」を差し引きます。もしこの期間、継続雇用制度で働き続ける、自営業者として仕事を続け収入がある、パートで収入があるなどなら、「働く収入（w）」×「働く年数（b）」を足します。

毎月使えるお金はいくらか？

この男性は、年金240万円（手取り）を65歳から受給できますが、60歳で定年退職するつもりですので、65歳までの5年間は貯蓄を取り崩して生活することになります。

図21　59歳男性の「老後設計の基本公式」

$$\underset{(d)}{51.4} = \frac{\underset{(A)}{3200} - \underset{(p)}{240} \times \underset{(a)}{5} + \underset{(w)}{0} \times \underset{(b)}{0} - \underset{(H)}{200}}{\underset{(n)}{35}}$$

$$\underset{(y)}{291.4} = \underset{(p)}{240} + \underset{(d)}{51.4} \qquad \underset{(y_M)}{24.3} = \underset{(y)}{291.4} \div \mathbf{12}$$

「最終資産額（H）」には、最終的に残したいお金を入れます。例えば、お葬式代や施設への入居費、遺産の金額などです。

この男性は、シングルですので最終的には施設に入る可能性もありますが、その時は自宅を売却して当てることにして、とりあえずは、「最終資産額（H）」は、終身保険の「２００万円」としました。

このようにして、分子を計算すると「１８００万円」です。

なお、資産を使い切ることを前提に考えている人が多いですが、施設に入居しなくてはならない可能性も考えておきましょう。持ち家をどうするのかも考えておく必要があります。

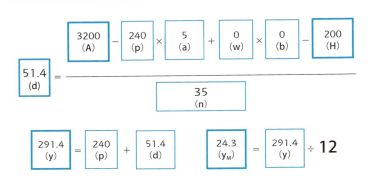

分母のnは取崩しの期間（「想定余命年数」）です。一般的には定年する年から寿命までを考えます。自分はあまり長生きしないからという人がいますが、お金が足りなくなると困るので95歳くらいまでは想定しておきましょう。

ちなみに、2017年現在でも男性の4人に1人は90歳まで、女性の4人に1人は95歳まで生きるとされています（国立社会保障・人口問題研究所）。

男性は、60歳以降95歳まで生きるとしてn＝35年とします。式を計算すると、「取崩し可能額（d）」は1800万円÷35年間＝約51・4万円となります。

下の式のdに代入し、年金額pを入れると、年間に支出できるお金（y）は291・4万円となります。これを式に入れて12ヵ月で割ると、毎月の生活費は約24万3000円と分かります。

もし、この男性が、65歳までは仕事を続けるとすればどうでしょう。現在の収入より下がり、「w＝300万円」×「b＝5年間」として、1500万円を足します。実際には、60歳以降、会社員として仕事を続ければ年金額は増えますが、これについてはここでは考慮していません。

図22　59歳男性の「老後設計の基本公式」（65歳まで現役の場合）

$$\underset{(d)}{94.3} = \frac{\underset{(A)}{3200} - \underset{(p)}{240} \times \underset{(a)}{5} + \underset{(w)}{300} \times \underset{(b)}{5} - \underset{(H)}{200}}{\underset{(n)}{35}}$$

$$\underset{(y)}{334.3} = \underset{(p)}{240} + \underset{(d)}{94.3} \qquad \underset{(y_M)}{27.9} = \underset{(y)}{334.3} \div 12$$

分子は３３００万円になりました。「取崩し可能額（d）」は３３００万円÷35年間＝約94・３万円となり、年間に支出できるお金は（y）＝３３４・３万円となります。毎月の生活費は約27万９０００円です。

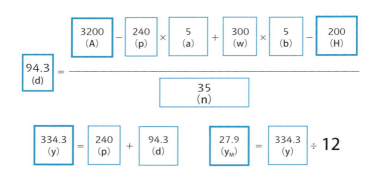

おおよその老後生活費を知ることで、いたずらに「老後不安」に怯えなくてすみます。巷では、「老後不安」をあおって資産形成にはふさわしくない高コストの金融商品を進めるセールスも多いので注意して下さい。

「人生設計の基本公式」と「老後設計の基本公式」は、年齢で使い分けるとより実用的に使えます。50歳未満の方は、「人生設計の基本公式」を使ってお金の人生設計を立てて実行して下さい。ライフプランが変わるたびに、また、大きなお金の出入りがあった時は計算をし直します。そして、「ねんきん定期便」で受給見込み額が分かる50歳になったら、一度、「老後設計の基本公式」で、老後生活費がいくらになるかを確かめて下さい。リタイアまでに10～20年ありますので、より、豊かな老後を過ごすために対策を講じることもできます。

その一つの方法が公的年金の受給額を増やすことです。会社員として70歳まで働き続けると、さらに年金は増えますし、年金を繰り下げ受給することもできます。自営業者の方は１２６、１２８ページの方法で年金を増やすことができます。

今年度から「ねんきん定期便」には繰り下げで増額するイメージ図が掲載されていますが、繰り下げ受給は、「65歳以降の老齢厚生年金」を受け取ることができる場合、66歳以降に繰り下げて請求することにより、最大で42％増額された年金を、生涯にわたって受け取ることができます。一月の増額率は０・７％です。加給年金（年金の家族手当のようなもの）を受けることができる人が老齢厚生年金の繰下げを行った場合、その間、加給年金が支払われない、繰下げ期間中の在職により支給停止される額につい

図23　昭和16年4月2日以降に生まれた方の繰上げ・繰下げ受給の受給率

（数字は%）

	年齢＼月	0カ月	1カ月	2カ月	3カ月	4カ月	5カ月	6カ月	7カ月	8カ月	9カ月	10カ月	11カ月
繰上げ受給	60歳	70	70.5	71	71.5	72	72.5	73	73.5	74	74.5	75	75.5
	61歳	76	76.5	77	77.5	78	78.5	79	79.5	80	80.5	81	81.5
	62歳	82	82.5	83	83.5	84	84.5	85	85.5	86	86.5	87	87.5
	63歳	88	88.5	89	89.5	90	90.5	91	91.5	92	92.5	93	93.5
	64歳	94	94.5	95	95.5	96	96.5	97	97.5	98	98.5	99	99.5
	65歳	100	100	100	100	100	100	100	100	100	100	100	100
繰下げ受給	66歳	108.4	109.1	109.8	110.5	111.2	111.9	112.6	113.3	114	114.7	115.4	116.1
	67歳	116.8	117.5	118.2	118.9	119.6	120.3	121	121.7	122.4	123.1	123.8	124.5
	68歳	125.2	125.9	126.6	127.3	128	128.7	129.4	130.1	130.8	131.5	132.2	132.9
	69歳	133.6	134.3	135	135.7	136.4	137.1	137.8	138.5	139.2	139.9	140.6	141.3
	70歳	142（以降同じです）											

（出所）日本年金機構「老齢年金ガイド平成31年度版」

ては増額の対象とはならないなど注意点もあります。繰り下げの場合は、老齢基礎年金のみの繰り下げも可能です。

逆に希望すれば、60歳から繰り上げて年金を受け取ることもできます。繰り上げると月に0・5%減額し、60歳に繰り上げると受給額は7割になります。繰り上げは老齢基礎年金と老齢厚生年金合わせて繰り上げる必要があります（図23）。

年金受給額が増えることにより、税金や社会保険料の負担が増しますが、公的年金は、想定以上に長生きしても終身でもらえる「保険」ですので、増額しておくメリットは大きいと思います。

大切なのは、なるべく働く期間を延ばし、公的年金受給額を増やし、また、自分でも効率的に運用しお金を増やすことです。

コラム　将来の年金額の想定について

将来の年金額をどのように想定するかは、大変難しい問題です。著者たちも大いに悩みました。本書の考え方を整理しておきます。

本書執筆の仕上げにかかろうかという2019年8月下旬に、5年に一度行われる公的年金の財政検証の結果が発表されました。結果は、前回（5年前）に発表されたものと大きく異なるものではありませんでした。

公的年金の給付は2004年の改正によってマクロ経済スライド方式と呼ばれる方法によって、長期にわたって調整されることになっています。今回の財政検証で、この調整を反映した将来の年金給付額を見ると、第2章の本文にもある通り、モデル年金の所得代替率は「出生・死亡率が中位で経済がケースⅢ（6つあるケースの上から3番目で、おそらく政府のメインシナリオ）」の場合、給付調整終了時に50・8%になるとされています。

この所得代替率は現状の61・7%よりも約2割下がるのですが、例えば、1984年生まれ（2019年現在35歳）の人が年金を受け取り始める時の金額は2019年の物価で換算して24・5万円と、2019年に年金をもらい始める1954年生まれの人の年金額22・0万円よりも、実質的に高くなっています（社会保障審議会年金部会「2019（令和元）年財政検証関連資料・資料4」2019年8月27日付による）。

所得代替率が下がる一方で、実質的な年金受取額が将来増えると計算される理由は、主に、将来の賃金上昇率が物価上昇率よりもかなり高く（対物価で年率1・1%）想定されているからです。この実質賃金の上昇幅が、マクロ経済スライドの調整率（被保険者の数等で変動）よりも大きいのです。

ただし、政府が今回発表した所得代替率ベースの情報は、これを生活設計に反映する上で3つの注意が必要です。

まず、公的年金の財政検証で政府が示す所得代替率を解釈する上で最大の問題は、これが税金や社会保険料を差し引く前の名目額の年金受給額を現役世代の手取り額で割り算した数字になっていることでしょう。「将来の年金受給額は現役世代収入の50％以上を確保する」という理解は正しくありません。手取りベースでは50％をはっきり割り込むはずです。

人生設計の基本公式では、年金額も税金や社会保障費を差し引いた「手取り額」ですべてを計算する必要があります。本章では、もちろんこの点を考慮して手取り額ベースの数字を使っています。ご安心下さい。

もう一点重要なのは、マクロ経済スライドによる年金支給額の調整では、年金額が裁定された後の受給額の物価スライドは、「物価上昇率－マクロスライド調整分」となるので、年金受取額の実質的な価値がスライドの調整終了（ケースⅢでは2047年）まで減ることです。

例えば、2019年に65歳で公的年金を受給開始した1954年生まれのモデルケースの世帯は、2019年に22万円年金を受け取りますが、90歳時点（2044年）の受取額は2019年の物価で換算して19・1万円まで13％強減ることになります。公的年金受給額の減少を計算に入れて生活設計を行う必要があります。

3つ目の問題として、遠い将来の所得代替率をどう評価するかという問題があります。年金支給額が、今回の検証で政府が想定したように2019年物価水準で減らないのだとしても、将来の現役世代との比較で大きく悪化する場合には、将来の老後世代の幸福度が大きく低下する可能性があります。

「実質的にかつてと同様以上の生活」が確保できても、自分が「貧困」であるか否かの実感には他人との比較が大きく影響します。現役世代の経済力があれば手に入る財やサービスで「低収入だと手に入れにくい大事なもの」（例えば高額だが有効な医療サービスや画期的な新製品など）が登場する可能性は、20年、30年後の将来にあって、無視できるほど小さくはないでしょう。

そして、言うまでもないことですが、将来の経済状況を予想することは簡単ではありません。専門家にとっても、3年以上先の経済状況は想像上の物語に過ぎないと言い切っていいくらいのものです。

将来の年金額にとって重要な賃金の上昇率についても、政府の想定を上回る可能性と下回る可能性の両方があります。例えば、「日本は労働人口が減って人手不足になるので賃金は上昇するはずだ」という意見にも、「今後、ホワイトカラーの仕事を含めて人間の労働を置き換える技術進歩が予想され、賃金は上がりにくいのではないか」という意見にも、否定しにくい説得力を感じます。

ちなみに、厚生労働省が発表した平成30年賃金構造基本統計調査によると、平成11年の男性の月額賃金が33万6700円であったのに対して、平成30年では33万7600円です。この間の物価の変化を考慮すると、実質では微減です。過去20年がこうした状況であったために、実質賃金が上昇するという予想に実感を持ちにくい人が多いと想像されます。マクロ経済スライドで調整される額だけ、公的年金の実質価値が減るようなイメージを持つ人が少なくないのはこうした背景によるものでしょう。

もちろん、将来は過去の単純な延長ではありません。実質賃金が上昇する可能性が十分あり得ます。他方、下落する可能性も排除はできません。

さて、こうした前提の下に個人はお金の人生設計をどう考えたらいいのでしょうか。**本書は、公的年金に関して楽観論にも、悲観論にも与せず、「現実的な方**

法」として、以下の手順を提案します。

（1）まず、将来の年金額を「現在年金を受給するとした場合の年金額」で想定して当面の必要貯蓄率を計算し、必要貯蓄を実行する。

（2）次に、将来状況に変化があった場合には、それに応じて前提を修正しながら、新しい状況を人生設計の基本公式の計算に反映させて将来に対応する。

これが、第2章のデータと計算例を「現在（2019年）の」前提にもとづくものとした理由です。

個人の年齢等によっていくらか異なりますが、必要なのは、20年後から30年後くらいの「ある程度の将来」を都度都度に想定しながら（50年、100年である必要はありません）、継続的に備えを作っておくことです。ある程度の備えがあれば、将来の状況変化に対して、新たに必要だと計算された金額に合わせて、貯蓄額を増減することで対応できるはずです。

また、現実のお金のプランニングにあっては、将来の年金額の制度的な変化よりも、働き方や健康に伴う収入変化や、家族の状況の変化などの影響が大きい場合が少なくないでしょう。制度の面でも、税制は毎年変化しており、年金よりも影響が大きな場合もあるでしょう。加えて、自分自身の資産運用の成否も将来の貯蓄額に反映させなければなりません。

将来の年金額の見通しも含めて、前提条件が変化した場合には、お金の扱い方を柔軟に変化させることで対応していくのが現実的です。

このための計算が、いつでも手軽に、かつ自分自身の手で何度もできる点に、人生設計の基本公式の長所があります。ぜひ使いこなしていただきたいと思います。

第3章

貯蓄を適切に運用する【ステップ3】

シンプルで正しいお金の増やし方

貯蓄を適切に運用する………❶

運用の目的は「効率良く」「より確実に」お金を増やすことだけ

自分の必要貯蓄率を決めて、お金を貯められるようになると、当然のことながらお金が貯まります。

本章では、貯まったお金を増やすための方法についてご説明します。

お金を、銀行預金、債券、株式、投資信託、不動産などのかたちに換えて持つことを、一般に「運用」と呼びますが、これからご説明するのは、**普通の個人が一生使うことができる、シンプルで正しい運用の方法です。**

大変残念なことなのですが、運用については、しばしば、「正しくない方法」が、それも多くは世間でプロだと思われている人から伝えられることがあります。

「運用は難しいから、プロに任せよう」（例えば、銀行や証券会社の窓口でアドバイスを聞いてみよう）とだけは、絶対に思わないように気をつけて下さい。

大丈夫です。これからご説明する方法を知っていれば、ご自分のお金の運用についてはすべて自分で決めることができます。

なお、本章でご紹介する個人のための運用の簡便法の骨子は、本書の前の版とまったく同じです。また、この方法は、著者の一人である山崎が２００８年に出版した『超簡単　お金の運用術』（朝日新書）で紹介した方法と基本的に同じです。これからご紹介する方法は少なくとも10年間以上有効であり続けました。おそらくは、普通の個人がこの方法を大きく変更する必要は今後しばらく訪れないように思われます（変化する場合の条件は後述します）。

ただし、本書の前の版が出てからの2年間で、運用商品に新しいものが、また、つみたてＮＩＳＡのような新しい制度が登場したことで、基本的な方法は同じですが、細部に変化（いずれも改善です）が生じており、本章で説明いたします。

お金がお金を稼いでくれる「運用」

お金には、適切な場所に置いておくと、お金自体がお金を稼ぐという性質があります。それは、あなたが、あなたのお金を経済活動に参加させるからです。

例えば、銀行に預金として預けたお金は、銀行を通じて貸付などに活用されるので、利息を生みます。また、あなたが、株式に投資する投資信託を買うと、その投資信託が保有する株式を通じて企業の一部を持つことになるので、企業が稼いだ利益の一部があなたのものになります。

現役時代のあなたは働いてお金を稼ぎますが、その同じ時に、あなたが持っているお金を運用を通じて経済活動に参加させるなら、「お金もお金を稼いでくれる」ということになるわけです。自分だけが稼ぐのではなく、自分が持っているお金にも稼いでもらう方法がお金の「運用」です。

そして、あなたが運用で得る利益は、あなたのお金が働いたことによって生まれた利益であり、けっして「働かずに得た利益」ではありません。少なくない人が、「お金自体がお金を稼ぐ」ことを、少々後ろめたく思ったり、人間が働いてお金を稼ぐことよりも一段価値の低いことであるかのように考えますが、無益な誤りです。

運用の目的を正しく理解する

お金の運用で目指すのは、結果としては「お金をより効率良く増やすこと」ですが、意思決定の段階では、効率良く増やすことと同じか、時にはそれ以上に重要なのが「お金をより確実に増やすこと」です。

お金が増える効率を、「リターン」と呼び（「利回り」でも同じ意味です）、通常は1年あたり、お金がどのくらいの率で増えるかを「％（パーセント）」単位で表します。例えば、１００万円が1年後に１０５万円になるなら、リターンは「５％」です。

また、「より確実に」の方では、不確実さの大きさを「リスク」と呼んで、「なるべくリスクを小さくする」ように工夫することが大事です。

多くの読者が、リスクとリターンという言葉や、「リスクとリターンのバランスを取る」といった言い回しをお聞きになったことがあるのではないでしょうか。

本書の目的は、読者が自分のお金を自分で運用するための分かりやすくてシンプルな方法をお伝えすることだけなので、リターンの詳しい計算方法や、リスクの数学的な定義などの説明は省略しますが、

(1) リターンは大きい方がいい
(2) リスクは小さい方がいい

という2つの原則を覚えておいて下さい。

リスクは「無理に」取らなくてもいい

一般に、リスクがあるもので運用しなければ、リスクなしに得られるリターンよりも高いリターンを望むことはできません。また、「傾向として」リスクが大きなもので運用する方が、大きなリターンが期待できると考えられています。

著者たちも「たぶん、そうだろう」と考えていますが、読者に対して、「リスクを取

ると、必ずリターンが増える」とか「長期で投資するなら、損をすることは絶対にない」などと申し上げることは正しくないと思っています。

リスクがある資産で運用する場合、損をする可能性はゼロではありません。

また、運用しているお金が株価などの上下によって変動するリスクが、「どうにも嫌だ」という人がいるのも事実です。誰に対しても、リスクを取るべきだと強制することはできません。運用のリスクは、「その方が有利だ」と自分が納得した人だけが取ればいいのです。

世間では、「老後貧乏を避けるため」とか「将来のインフレに備えるため」といった理由で、リスクを取った運用を行わないと大変なことになるといった「脅し」を、金融商品を売るために行う向きがあるようですが、この脅しは不適切です。「脅す人」を大いに警戒しましょう。

また、お金の運用は、社会のために行うべきものではなく、あくまでも自分のために行うものです。その方法は、あなたの好きなように決めていいのです。

著者たちは、リスクを取らずに運用するなら、「おそらくは」リスクを取った運用よりも小さいリターンになる確率が大きいと思っていますが、それでも**「リスクは嫌だ」という方は、無理にリスクを取る運用をする必要がないことを強調しておきます。**

本書でご説明した方法で、正しく計画し、しっかり貯蓄し、資産を取り崩すことができれば、リスクを取った運用を行わなくても何ら問題はありません。

他方、適切な大きさのリスクを取って運用を行うことは十分良いことでしょう。もちろん、この場合にも、計画的な貯蓄と取崩しが必要であることは言うまでもありません。

運用の利益をアテにするのは止めた方がいい

リスクを取って運用して大きな儲けや損失が発生した場合は、「人生設計の基本公式」や「老後設計の基本公式」の「現在資産額」にこれを反映させて、必要貯蓄率や可能な取崩し額を計算し直すようにして下さい。運用で利益が出ると、必要貯蓄率が下がり、当面使えるお金が増えるという関係になっています。

リスクを取った運用で高いリターンが得られることをあらかじめ見込んで、必要貯蓄率を下げる考え方をする専門家が少なくありませんが、著者たちはそうしたアプローチを取りません。リスクを取った運用で得られる損益は、あくまでも不確かなものです。「捕らぬタヌキの皮算用」を人生計画に持ち込んではいけません。

ただし、「人生設計の基本公式」は、将来の収入の変化がインフレ率（物価の上昇率）に連動することと、資産の運用利回りもインフレ率に連動することとを、おおよその前提として設計されています。

利回りが確定した対象での運用では、将来、インフレ率が高まった場合に、貯金の実質的な価値が下がってしまいます。

また、お金は、基本的に「よりたくさんある方がいい」ものなので、著者たちは、何度も申し上げるように、ある程度リスクを取った運用を行うことの方が好結果をもたらす場合が多いのではないかと考えています。

貯蓄を適切に運用する……❷

「シンプルで正しい運用法」とは何か

さて、具体的な運用手順の説明に入る前に、「シンプルで正しい運用」方法が目指すところを、大まかに説明します。

この方法では、運用するお金を「リスク（を取る）資産」と「（ほぼ）無リスクの資産」に分けます。リスク資産をいくら持つか決める方法は、後で詳しくご説明しますが、「リスク資産」というものを**「1年後に最悪で3分の1損をする可能性があるが、それと同じくらいの可能性で4割儲かることがあり得て、平均的に年率5％くらいのリターンが期待できるもの」**だと考えて、これをいくら買うかを決定します。

そして、「リスク資産」では、6割を「外国株式のインデックスファンド」に、4割

図24 「シンプルで正しい運用法」の基本構造

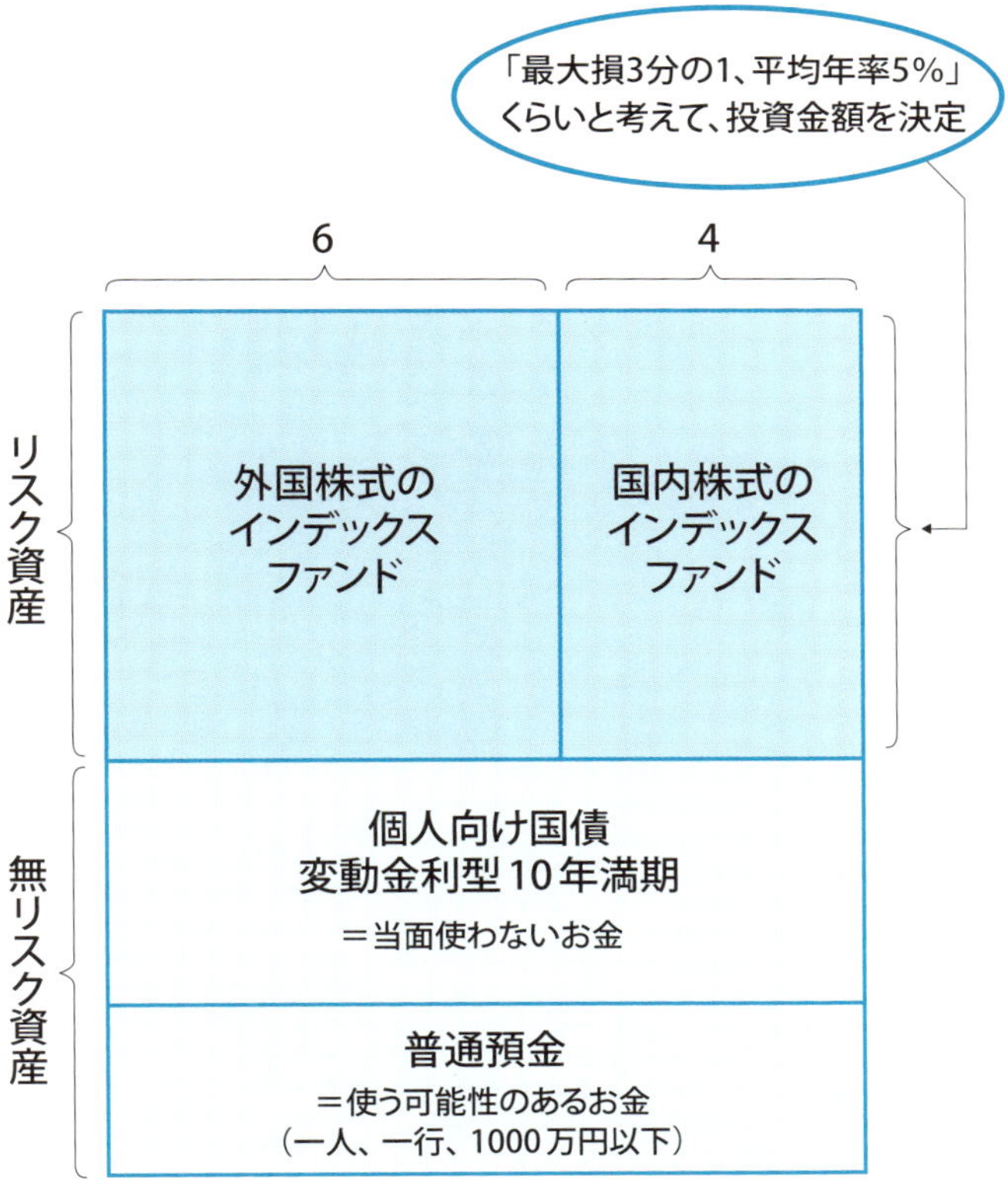

を「国内株式のインデックスファンド」に投資します。

次に、「無リスク資産」では、当面使わないお金は「個人向け国債変動金利型10年満期」で運用し、通常の生活で必要になるかもしれないお金を銀行の普通預金に置きます。

おおよそこの状態を、税金面で最も得で、かつ運用にかかる手数料が最も小さい状態で実現することがゴールになります。

運用方法は、これですべてです。

金額にして、数百万円から数億円くらいまではこの方法で十分ですし、プロならこれを上回る運用ができるかというと、少なくとも、簡単ではありません。

経済・金融の環境が変わった場合に、より良い方法が見つかる可能性がありますが、現在のような低金利が続いている状態では、この方法で問題ありません。一つの目処を申し上げると、日本の長期金利（10年国債の流通利回り。新聞に毎日出ています）が2％を超えるまではこの方法でいいでしょう。

貯蓄を適切に運用する……… ❸

運用商品は、3つだけで大丈夫

運用商品は、「外国株式のインデックスファンド」、「国内株式のインデックスファンド」、「個人向け国債変動金利型10年満期」の３つを知っていればそれでよく、金融マンやファイナンシャルプランナーが紹介してくれるようなその他の運用商品やサービスはいっさい知らなくて構いませんし、運用を間違えないためには、むしろ知らない方がいいくらいのものなのです。

それでは、ぜひ知っておくべき３つの運用商品についてご説明しましょう。

1 外国株式のインデックスファンド

ひとことで言うなら「外国株式の株価指数に連動することを目指す投資信託」です。「ファンド」とは、まとめて運用されるお金を指す言葉で、その代表的なものの一つが投資信託です。

投資信託の基本を理解する

まず、「投資信託」とは何かからご説明しましょう。

投資信託とは、多くの人のお金をまとめて運用するための仕組みです。投資信託の運用会社が一般投資家から資金を集めて、これを信託銀行で保管し、この運用財産に関してどのように運用するかを、運用会社が指図する（例えば「○○の株式を××万株買え」といった内容で）仕組みになっています。投資家には出したお金の口数に見合う受益証券を交付して、運用で得た利益は、口数に比例する形で分配されるか、受益証券一口あたりの値段（「基準価額（きじゅんかがく）」と言います）が値上がりする形で投資家の利益になります。

投資信託の購入方法には、いくつかタイプがあります。運用会社が直接投資家に投資信託を売る形もありますが、多いのは、証券会社、銀行などの販売会社が運用会社の代わりに投資信託を販売するかたちです。この場合、購入額の2％から3％くらいの販売手数料がかかる場合がありますが、近年は、「ノーロード」と呼ばれる販売手数料ゼロの投資信託が増えてきました。

投資信託には、販売手数料の他に、運用管理費用（または「信託報酬」）と呼ばれる、運用や管理のための手数料があり、「年率○・○％」のようにあらかじめ決められており、日割り計算で運用財産から差し引かれます。

金融マンは商売上の利害からなかなか教えてくれないのですが、**投資信託を選ぶ際に最も重要なポイントは、手数料であり、特に運用管理費用が重要**です。

また、証券取引所に上場されている株式と同様に、証券市場で売り買いができる

「ＥＴＦ」（上場型投資信託）と呼ばれるタイプのものもあります。ＥＴＦは、売買の際に株式と同様の手数料がかかりますが、ネット証券を使うと、数百万円の売買に対して数百円くらいの手数料です。ＥＴＦには、運用管理費用が特に安いものがあり、投資家にとっては大いに魅力的です。

投資信託は、通常の投資信託の場合一口単位で解約ができますし、ＥＴＦの場合は市場で売却することで換金できます。

インデックスファンドとは何か

さて、次に「インデックスファンド」とは何なのかを説明します。

「インデックス」とは、日本の株式でいうと、「日経平均」や「ＴＯＰＩＸ」（東証株価指数）のような、株式市場全体の動向を表すための株価指数がありますが、この「指数」のことを指します。外国の株式では、例えば米国の代表的な会社30社の株価から計算されるニューヨーク・ダウ、５００社の株価で計算するＳ＆Ｐ５００が有名です。

インデックスファンドとは、基準価額がこうした株価指数の一つと同じような値動きをする運用を目指す投資信託です。例えば、TOPIXに連動することを目指すインデックスファンドの場合、仮にトヨタ自動車の株式がTOPIXを計算する際に4％のウェイトで入っているとすると、インデックスファンドでもトヨタの株式を4％保有します。

運用会社では、株価指数の構成をコピーする運用を行えばいいので、「どの企業が将来有望か？」といった調査を行う手間がありません。そのため、インデックスファンドでは、運用管理費用（「信託報酬」とも呼ばれます）が安く設定されていることが多く、この点が大きな長所です。

また、インデックスファンドは、連動を目指す株価指数と概ね同じ値動きをするので、その株価指数を見ていると自分の損得の状況が概ね分かるといった、管理のしやすさも投資家にとっての利点です。

投資信託には、インデックスファンド以外に、プロの運用者が株価指数などで表される市場の平均的なリターン以上のリターンを稼ぐことを目指す「アクティブファンド」と呼ばれるタイプのものもあります。

インデックスファンドの特徴

- 市場平均パフォーマンスと連動する運用方針
- 販売手数料や信託報酬は安い
- 金融機関があまり売りたがらない

アクティブファンドの特徴

- 市場平均パフォーマンスを上回ることを目指す運用方針
- 販売手数料や信託報酬が高い
- 金融機関が積極的に売りたい
- ただし、市場平均を上回るファンドは多くない

読者の中には「インデックスファンドは運用管理費用が安いのはいいけれども、市場の平均並みの運用成績では退屈だ。運用が上手いアクティブファンドを選んで投資する方がいい」と思う方がいらっしゃるかもしれません。こう考える方は、運用業界にとっては大変有り難い人ですが、厳しい言い方をすると「カモ」なのであって、賢くありません。

実は、国の内外を問わず、**（1）アクティブファンドの平均的運用成績はインデックスファンドの運用成績を下回り、（2）運用が上手いアクティブファンドを事前に見つけ出す方法はないことの2つが運用の世界の常識**です。例えば、過去

に運用成績がよかったアクティブファンドを選んでも、過去の成績と将来の成績にはほとんど関係がないので役に立ちません。

どんなインデックスファンドを選べばよいのか

さて、われわれが投資対象とするべき外国株式のインデックスファンドは、日本を除く数十の先進国の株式から計算される株価指数に連動するタイプのものです。

日本からの投資に適した外国株式の株価指数としては、日本を除く先進国22ヵ国の株式から計算される「MSCI-KOKUSAI」（「MSCIコクサイ」と表記されることもある）、日本も含む先進国23ヵ国の「MSCI-WORLD」、さらに新興国の株式も含む46ヵ国の株式による「MSCI-ACWI」（「ACWI」はオール・カントリー・ワールド・インデックスの意味）などに連動するものがいいでしょう。それぞれの指数は大きく異なるように見えますが、いずれも米国を中心に（米国株式が世界の株式時価総額の約半分程度を占めます）先進国株式の比率が大きく、指数の内容に実質的に大きな差はありません。また、MSCI以外にFTといった別の指数ベンダーもあり、こちらの指数も広く使われていて、どちらでも構いません。

国別の投資比率は、経済規模と株式市場の規模が共に大きい米国が約半分を占めますが、幅広く分散投資されているので、その分値動きが安定する効果があります。

通常の投資信託で投資する場合（例えば積立投資をする場合）は、ノーロードの外国株式インデックスファンドで、運用管理費用が0・2％程度のものを選んで下さい。

国内のＥＴＦでも先進国の株式に投資できるもので0・2％台の運用管理費用のものがあります。また、外国の株式市場に上場されているＥＴＦにはもっと手数料水準が低いものがあるので、まとまった金額を運用される方の場合、海外のＥＴＦを調べてみるといいでしょう。

本書の前の版の出版時から本書の改訂までの2年の間に、通常の投資信託の運用管理費用の水準低下が起こりました。これは、投資家にとって好ましい変化ですが、2018年に、新制度つみたてＮＩＳＡがスタートした影響が大きかったように思われます。インデックスファンド間の手数料引き下げ競争が強化されました。今では、外国株式のインデックスファンドでも0・1％台前半の運用管理費用のものに投資できるようになりました。

2 国内株式のインデックスファンド

「インデックスファンド」については、前の項目でご理解いただいたと思います。国内株式で連動を目指すべき株価指数をご説明すると、この項目は終わりです。

われわれが持つべき国内株式のインデックスファンドは、通称「ＴＯＰＩＸ」と呼ばれる「東証株価指数」に連動するタイプのものです。

日経平均よりもＴＯＰＩＸが良い理由

ＴＯＰＩＸは、東証一部上場の全銘柄から計算される指数です。各銘柄のウェイトは、時価総額と呼ばれる「株価×発行株数」で計算されています（注：正確には「浮動株」と呼ばれる市場で流通している株式の推定値をベースに計算されています）。

つまり、トヨタ自動車や、三菱ＵＦＪ銀行のように、株式の価値が大きく評価されている銘柄のウェイトが高く、おおよそ「日本株に投資する投資家の平均」を持っていると考えていい株価指数です。

株価指数としては、「日経平均」の方がポピュラーで馴染みがあるかもしれません。日経平均に連動するインデックスファンドを持つのでもそう悪くはないのですが、日経平均は株価が高い一部の銘柄の計算上のウェイトが高く、TOPIXよりもやや不安定な面があります。著者たちは、TOPIXと連動するインデックスファンドを推します。

具体的に購入する商品として、特にお勧めしたいのは、TOPIXに連動するETFです。運用管理費用が年率0・1%を切るものが複数あり、後で申し上げるように、一般NISA（少額投資非課税制度）での投資には、特に向いています。

もっとも、前述のような事情で、TOPIXに連動する投資信託の運用管理費用も下がっています。特に積立投資を行う時など少額単位で購入したい場合は、ノーロードの投資信託で、運用管理費用が安いもの（0・2%未満のもの）を探すといいでしょう。

3 個人向け国債変動金利型10年満期

なるべくリスクを取らずにお金を運用したい場合の手段としては、長期国債や銀行の定期預金などがポピュラーでしょうが、**非常に低金利でありながら、将来には金利が上昇する可能性がある現在のような状況下では、「個人向け国債変動金利型10年満期」がおおよそは有利でかつ無難です。**

財務省のホームページで「変動10」と略称されているこの商品は、（1）半年単位で、その時の長期金利（10年満期の国債流通利回り）の約66％で決まる金利が支払われ、（2）10年で元本が償還される国債です。

ただし、（3）変動金利には年率0・05％という下限が設けられていて、さらに（4）過去2回分の金利（税引き後）をペナルティとして支払うといつでも元本100％で途中償還が可能な設定になっています。つまり、1年以上保有すると元本割れしない仕組みになっています。

個人向け国債「変動10」の3つの長所

本書を執筆している状況で、個人向け国債の「変動10」には、３つの長所があります。第一に、国債は国が支払いを保証しているので、銀行の預貯金よりも安全であるということです。「日本は財政赤字が大きいから国債は危ないのではないか」、「国債価格が暴落することがあり得るのではないか」といった心配をする方がいるかもしれませんが、仮に日本の国債の価格が暴落した場合、国の財政は日本銀行に国債を買わせることができるので破綻しませんが、国債などの債券に多額に投資している銀行の中には破綻するところがあってもおかしくありません。

さすがに、国債を売る立場の財務省も、「銀行よりも安全です！」とまでは宣伝しませんが、仕組み上、国債の方が明らかに安全です。

銀行の預金は、「一人、一行、１０００万円」までの元本と利息が預金保険で保護されますが、この限度額を超える場合、銀行の将来の経営状態について心配しなければなりません。個人が、大きな金額を安全に持っていたい場合の選択肢として、個人向け国債は第一に考えるべき選択肢です。

第二に、将来金利が上昇した時にも、元本割れしないし、ある程度金利上昇についていくことができる「金利上昇への抵抗力」が、「変動10」では大きな長所です。

利回りを固定してしまった預金や保険のようなものでは、将来金利が上昇した時に、上昇した金利での運用と比べて損をしますし、固定利回りの長期の債券は価格が大きく下落します。「債券価格が下落しても、途中で売らずに、満期まで持つと損をしない」と説明する人もいますが、金利が上昇した時に、低利回りでお金を固定していることが経済的に損なのは間違いありません。

現在、日本銀行の政策で長短の金利が低く抑えられていますが、将来日銀が目指す「2%程度のインフレ」が実現すると金利が上昇する可能性があり、「変動10」が持つ「金利上昇への抵抗力」は大きな長所です。

従来、今、ご説明した2つの魅力だけでも、個人向け国債「変動10」は無難で優秀な商品でしたが、2016年に日銀がいわゆる「マイナス金利政策」を導入してから、預金金利や債券の利回りが一層低下して、個人向け国債の最低利回りである0・05％

が利回りとしても魅力的だという「第三の魅力」が生じています。本書執筆の時点で、メガバンクの定期預金金利は、どの銀行どの期間でも概ね0・01％です。

なお、ネット銀行の定期預金や、あるいはネット銀行とネット証券を結合して使う場合の預金に付される利息が0・1％程度になる場合があります。小まめに探すと利率を改善できるケースがあるのですが、預金なので「一人、一行、1000万円」までの預金保険の限度を意識する必要があることと、利息が変化するのでいささか煩雑であることから、著者たちは、「安全に運用したくて、当面使わないお金」については、個人向け国債変動金利型10年満期を第一の選択肢として推します。

今後の金利の状況次第で個人向け国債の魅力度合いは変化しますが、リスクを取らない運用を考えたい場合に、個人向け国債「変動10」が「圧倒的に無難でありつつ、相対的にまあまあの利回りの運用対象」である状況はしばらく変わりそうにありません。

個人向け国債は金融機関にとってはおいしくない商品

個人向け国債は、原則として毎月一度募集があり、証券会社、銀行、ゆうちょ銀行の窓口で購入することができます。

金融機関の窓口で購入する際に注意して欲しいのは、**「個人向け国債以外の商品を勧められても、話を聞かないこと」**です。

個人向け国債は販売手数料が安く（購入金額の0．5％を財務省が金融機関に支払います）、しかも、「変動10」では10年間資金が動かない可能性が大きいので、金融機関としては、せっかくお金を持っているお客さんが来たのだから、もっと手数料が大きな商品を買わせたいと考えるのが自然です。個人がお金の運用について何かをしようとする時に、最も注意しなければならないのは、こうした場面です。

窓口で別の商品の話を聞いてしまうと、これに効果的に反論できなくなって、担当者の勧めに従ってしまう展開になる恐れがあります。**「欲しいのは個人向け国債であり、それ以外のものは要らない」という決意を固めて窓口に向かいましょう。**

「専門家が勧めるのだから、いい商品なのかもしれない」、「話を聞くだけなら損はない。どうするかは、後から判断すればいい」などと、自分の判断力に自信を持ちすぎると、しばしばセールスにはまる失敗を招く「すき」を作ります。

なお、ネット証券で購入すると、セールス担当者と話をせずに済むので安心です。

以上、運用商品はこれだけ知っておくといいという商品を3つご紹介しました。

将来、これらの商品以上に魅力的な商品が登場する可能性がありますが、その差は「微差」だろうと著者たちは考えています。新しい運用商品や金融マンが勧める商品を「気にする」ことは（まして、金融マンに「構ってもらおうとする」ことは！）時間の無駄であると同時に、間違いのもとです。

なお、3つの商品以外のお金は、「一人、一行、1000万円」以内であれば、現在、銀行の普通預金に置いておいて構いません。目下、定期預金や国債などの金利が低下した結果、普通預金の利回りとの差が縮小して、普通預金にお金を置いておくことが、通常よりも「もったいなくない」状態になっています。

普通預金は、出し入れ自由で、決済・送金などにも使える高い利便性を持っているので、現在、相対的にはそこそこに優れたお金の置き場所になっています。

貯蓄を適切に運用する……❹

会社員や自営業者など課税される所得がある人向けの運用手順

さて、次に、「シンプルで正しいお金の運用手順」を具体的な流れに沿ってご説明します。ここで想定しているのは、会社員やフリーランスなどの自営業者で課税される所得がある人ですが、前述のように基本的な考え方はどんな人でも同じです。

おおよその手順は、図25のようになります。

4 お金の置き場所を作る

第一段階は、お金を運用する「場所」を作ることでしょう。

図25　「シンプルで正しい運用法」の手順

① お金の置き場所作り（確定拠出年金、NISA等）

②「リスク資産額」の決定

③「リスク資産」商品選択・割当て

④「無リスク資産」振り分け

⑤ モニタリングとメンテナンス

一般論として、個人の資産運用の最適な設計は、

（A）自分のお金「全体」の運用がどうあることが最適なのかを考え、次に、

（B）利用可能なお金の置き場所の中で運用に有利なものを最大限に使い、

（C）個々のお金の置き場所に自分の運用全体の中で最適な部分を割り当てる、

といった手順で考えることで正解に達することができます。ある程度運用に理解がある方は、こうした順番で考えてみると、ご自身の資産運用状況の良し悪しについて効果的に検

討することができるでしょう。

以下の運用方法もこうした手順で考えたものなのですが、「現実的な作業としては」、iDeCoやつみたてNISAなどの口座を開設して、お金の置き場所を作ることがはじめになることでしょう。

ただし、iDeCoなり各種のNISAなりでの資産運用の内容を、個別の置き場所ごとに考えるのではなく、全体として考えることの重要性を忘れないことが大切です。運用の損得は時々刻々と各所で生じています。自分にとっての損得の合計が重要なのです。

確定拠出年金を最大限に利用する

さて、定期的な収入がある60歳未満（2019年現在）の成人の場合、まず、確定拠出年金を最大限に利用することを目指して下さい。

お勤めの会社が企業型の確定拠出年金を導入している場合、会社の規約で可能な最大限の掛け金を拠出しましょう。制度上、企業型の確定拠出年金の掛け金上限額は一月5万5000円です。従業員は、会社の拠出金と同額を上限に掛け金を上積みできます（マッチング制度）。iDeCoと併用するには、規約を設け、企業型の拠出金の上限額を下げる必要があります。

また、お勤めの会社が確定拠出年金を導入していない場合は、厚生年金にだけ加入している状況であれば、一月2万3000円まで個人型の確定拠出年金に加入することができます。

自営業者やフリーランスの方の場合、やはり自分で個人型の確定拠出年金に加入することができますが、将来の年金が国民年金しかないこともあり、月額上限6万8000円まで掛け金を積み立てることが可能です。iDeCoについては、今後、加入期間の延長や受給期間の見直し、会社員の加入条件の変更など、制度の見直しが図られる方向です。

iDeCo（個人型確定拠出年金）に加入する場合、自分でどの運営管理機関を選ぶかを決めなければなりませんが、（1）運用手数料の安い商品（特に外国株式のインデックスファンドを見て下さい）を用意しているか、（2）管理手数料が安いか、の2点が主な選択のポイントです。

毎月、いくら拠出すべきか

毎月いくら拠出するかは、主として個人の選択次第ですが、課税される所得がある方の場合、（1）必要貯蓄額は確定拠出年金の拠出限度額を上回ることが多いでしょうし、（2）お金の置き場所として最も有利なのは確定拠出年金なので、ご自身に可能な最大限に利用することが適切でしょう。

例えば、課税所得が年間400万円程度の会社員が個人型の確定拠出年金を月額2万3000円まで利用すると、年間27万6000円の金額について所得税、住民税の課税前の所得から積み立てることができるので、所得税率を20％、住民税率を10％として、合計30％の課税を当面回避することができます。計算上、年間8万円以上の節税メリットです。

自営業者が月額6万8000円積み立てると、年間81万6000円が課税対象前の所得からの積立てになるので、節税効果はさらに大きくなります。

こうした節税の効果は、課税される所得がある限り相当に大きく、また、ほぼ確実に得られるものであるため、**60歳未満で課税所得がある多くの人にとって、確定拠出年金は、「利用できるなら最大限に利用したい、使わないと〝もったいない〟お金の置き場所」**となります。この点が、「お金の置き場所作り」を重視する理由です。

一方、確定拠出年金には、原則として60歳までお金を引き出すことができないという欠点がありますが、60歳以降の備えとして持っていなければならないお金は、多くの場合確定拠出年金で作ることができる金額を上回るので、正しく老後に備えるなら、この欠点は現実的な問題にならないはずです。

ＮＩＳＡのメリットとは何か

確定拠出年金の次に、ある程度まとまった運用資金がある方は、一般ＮＩＳＡ（少額投資非課税制度）を最大限に利用することを検討するといいでしょう。

一般ＮＩＳＡは株式や株式投資信託などで運用する利益を非課税にする制度で、成人一人あたり年間１２０万円まで5年の期限で使うことができます。

ＮＩＳＡ口座以外の銀行、証券会社などの一般的な運用口座の場合、運用の利益に対して年率約20％程度の税金がかかります。**リスクを取って高いリターンを目指す資産で運用する場合には、NISA口座が有利です。**

なお、NISA類似の制度には、今ご紹介した「NISA」のほかに、「ジュニアNISA」、「つみたてNISA」があり、これと区別するために当初生まれたNISAが特に「一般NISA」と呼ばれることがあるようです。本書もその慣行に従います。

つみたてNISAは良くできている

さて、2018年から、NISAの一種として、つみたてNISAという新しい制度が導入されました。この制度は、（1）定期的な積立で投資する、（2）年間の投資額は40万円が上限だが、（3）非課税期間は20年あり、（4）投資対象商品は金融庁によって手数料が低い商品を中心に厳しく絞り込まれている、といった際だった特徴があります。

資産運用はある程度まとまったお金を作ってから本格的に取り組むものだという先入観を持つ人が多いのですが、つみたてNISAは、当面まとまった運用資金がない

図26　制度比較の図

税優遇のある主な個人向けの運用制度の比較

長所	短所
◎◎◎ 所得控除あり	×× 60歳まで換金不可
△ 運用益非課税	×「地雷」商品あり
○ スイッチング可	
○低コスト商品…	

長所	短所
◎年間120万円可	×スイッチング不可
○運用益非課税	×非課税期間が5年
○換金可	×恒久化不透明
△商品選択肢多い（ETFがOK）	

長所	短所
◎非課税期間20年	×年間40万円まで
○運用益非課税	×積立投資のみ
○換金可	×スイッチング不可
△「地雷」少ない	

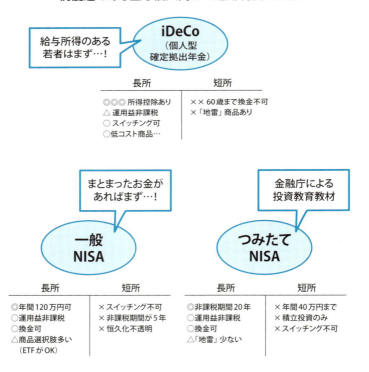

人でも気楽に始められて、運用商品が厳選されていることや、積立てで長期投資を行うことから、「失敗しにくい」投資の方法として、良い運用教材になっていると著者たちは評価しています。

つみたてNISAの対象商品にも、アクティブファンドやバランスファンドなど、適切とは言えないものがいくつか混じっていますが、運用管理費用が低廉なインデックスファンドを投資対象に選ぶと、早くから適切な運用の経験ができる点で優れた制度になっています。iDeCoは運用資産を原則として60歳まで引き出せないことが資産運用を躊躇する原因になっている人を含めて、つみたてNISAは良い制度であろうと思います。少額からでもまずは始めてみるといいでしょう。

確定拠出年金と各種のNISAに収まりきらないお金は、証券会社ないしは銀行の一般の課税される口座に置くことになりますが、一般論として、ネット証券を利用することをお勧めします。**ネット証券は、取引の手数料が安いことが一つのメリットですが、それ以上に、金融マンによる金融商品のセールスを受けずに済むことが大きなメリットです。**

ダメな運用商品を買って失敗した人は、自分で運用商品を決めるのではなく、金融マンに紹介された商品を検討して失敗に至るケースが多いのです。

多くの人にお勧めする典型的なパターンは、（1）確定拠出年金を最大限に利用し、（2）ネット証券に開いた一般NISAないしはつみたてNISA口座を利用して、さらに（3）残った運用資金をネット証券の一般口座で運用し、（4）日頃の資金のやりとりのために銀行に普通預金口座を一つ持つ、といったかたちです。

これで、お金の置き場所の準備が完了します。

5 「リスク資産」の投資額を決定する

次に、ご自分が運用するお金「全体」の中で「リスク資産」にいくら投資するかを決めます。ここが個人の運用方法の中で最も重要なプロセスです。
リスク資産については**「1年後に最大で3分の1損をするかもしれないけれども、同じくらいの確率で4割くらい儲かることがあり、平均的には無リスク資産よりも年率5％くらい利回りがいい運用対象」**だと考えて、これをいくら持つかを決めてください。

「リスク資産を全資産の何％にするか？」と考えるのではなく、「リスク資産をいくら持つのか？」と考えることが適切です。

「最悪の場合」を先に考えて投資を行う

リスクを取って運用することの、第一のポイントは、結果が上下に大きく振れることです。本書でお勧めする方法でリスクを取った運用を行う場合、1年間でリスク資産による運用額の3分の1くらいを失う状況を「最悪の場合」だと考えて、それでも生活設計に問題がないかを確認して、リスク資産に投資して下さい。

起こり得る「最悪の場合」を事前に想定して行動を決めることは、運用に限らず人生では重要ですが、この場合、「最悪の場合」と同じくらいの確率で（共に100回に2回くらいです）1年後に運用資産が4割くらい増える場合があることも想像しておくのがバランスの取れたイメージです（図27）。

そして、「平均的には」おおよそ年率5％くらいのリターンがあると想像してみて下

図27　リスク資産のリターンのイメージ

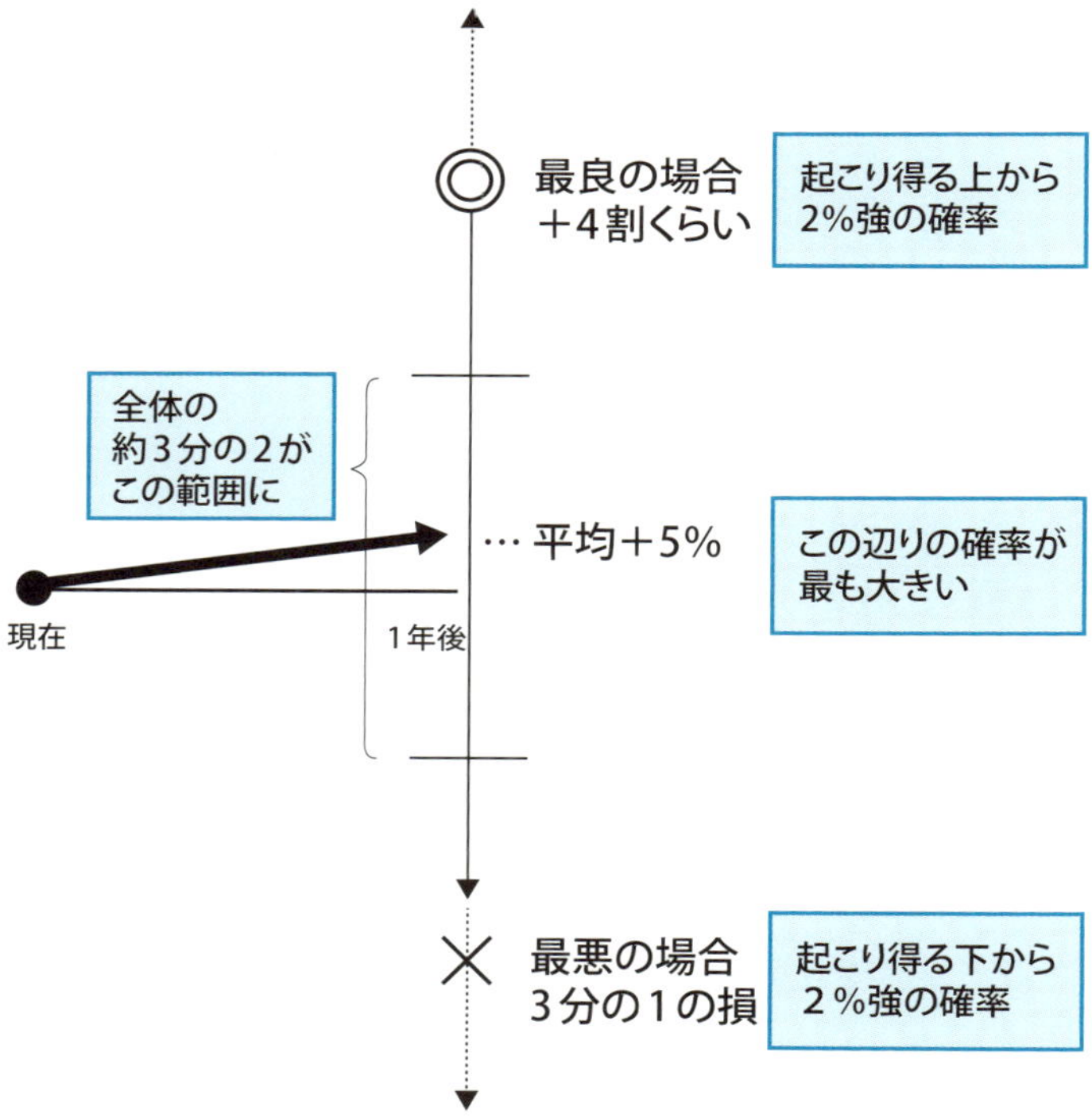

さい。

株式で運用する場合のリターンがどれくらいであるかは、専門家や金融研究者の間でも決定的な結論が出ていませんが、リスクを取らずに運用するリターンよりも4％〜6％程度高いリターンが得られるのではないか、というくらいの数値が多数説です。著者たちは、「正確には分からないけれども、（現在の預金金利をほぼ0％だとして）おそらく5％くらいのリターンがあっていいのではないか」というくらいに考えています。

補足　リスクを「360」で評価する

さて、先ほど、「1年間でリスク資産による運用額の3分の1くらいを失う状況を『最悪の場合』だと考えて、それでも生活設計に問題がないかを確認して、リスク資産に投資して下さい」と申し上げましたが、一体いくらまでの損なら問題がないのか、見当がつけられない方がいらっしゃるのではないかと想像します。

運用対象は、当面は使わないお金であり、また、読者はこれからも貯金を続けるはずですから、運用で大きな損が出たとしても、当面は困らないはずです。しかし、当然のことながら、運用の損は老後に影響を与えます。

この影響を評価するには、「360」という数字を使うことが便利です。360とは、「人生設計の基本公式」で「老後期間」を30年（65歳になってから、95歳になるまで）と考えた場合の月数です。

つまり、損失の金額を360で割ると、老後の一月分の取崩し可能額がどれだけ減るかが計算できます。例えば、360万円の損失は、老後の一月あたりの生活費が1万円減ることに相当します。

そして「360万円損をする」状態が何とか許容できる方は、360万円×3＝1080万円まで、リスク資産に投資することが可能だという計算です。

例えば、「現在資産額」が1800万円の人は、現在、老後の生活費として一月に5万円取り崩すことができるお金を持っているということですが、一月1万円の減少は、影響が大きすぎると感じるかもしれません。一方、現在、7200万円持っている人は、現時点で、一月20万円取り崩す余裕を持っているので、「一月1万円の減少は十分許容範囲だ。もう少しリスクを取ってもいい」と考えるかも

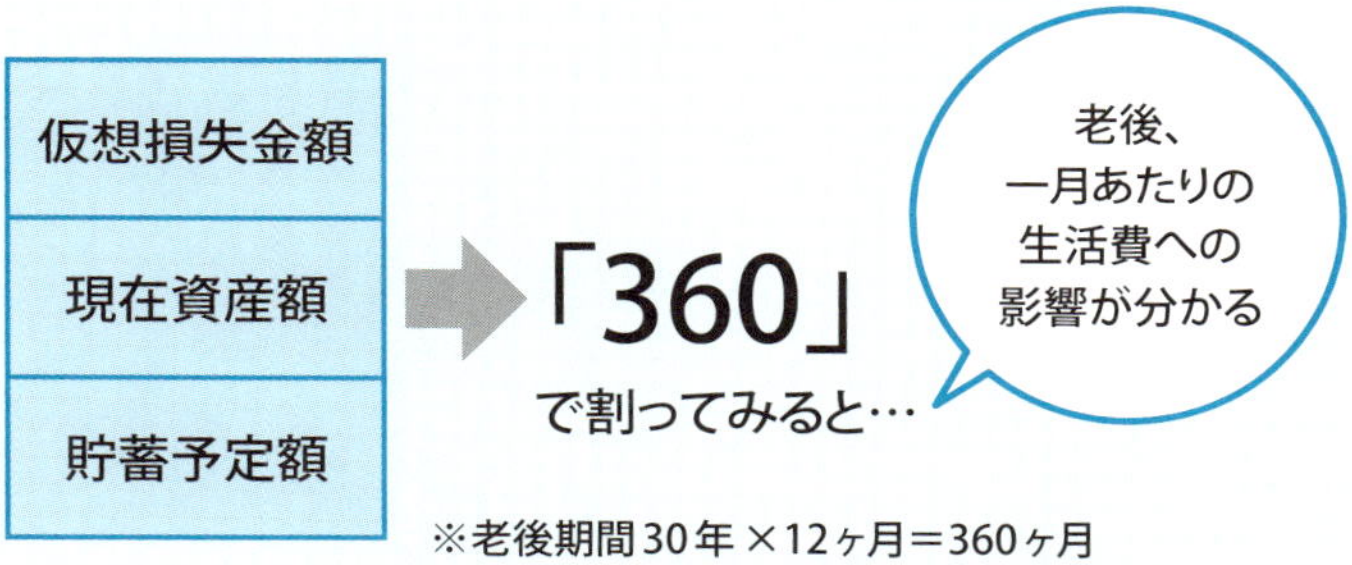
仮想損失金額
現在資産額
貯蓄予定額
「360」
で割ってみると…
老後、
一月あたりの
生活費への
影響が分かる

※老後期間30年×12ヶ月＝360ヶ月

しれません。

また、「３６０」は、貯金が「３６０万円増えると、老後の生活費が一月１万円増える」ということなので、貯金の際の目標や励みとして使うこともできます。

もちろん、引退の時期や、余裕を持って考える寿命などによって、「老後期間」は変化し得るので、「３６０」以外の数字を使うことが適当な方もいらっしゃるでしょうが、想定する「老後期間」を月数に直した数字を覚えていると、当面の資産の変化を、将来の生活イメージへの影響に換算することができるので、リスクや貯蓄について考えやすくなることを申し添えておきます。

6「リスク資産」の商品選択と運用場所への割当て

リスク資産の6割は「外国株式（先進国株式）のインデックスファンド」、4割は「国内株式のインデックスファンド」に投資するのがいいでしょう。これらの投資を、①NISA、②確定拠出年金、③証券会社の口座、の順番で、運用手数料が最小になるように商品を選んで割り当てるのがいいでしょう。

「外国株式6割、国内株式4割」という比率は、公的年金や企業年金などの積立金を運用する年金基金や信託銀行などのいわゆる機関投資家が使っている期待収益率やリスクの平均的なデータから計算したものです。彼らのデータは計測対象期間や処理方法によって個々に異なりますが、外国株式（先進国中心で世界を対象にしたもの）と国内株式（通常はTOPIX）のリスクは概ね同じくらいか外国株式の方がほんの少々大きく、期待収益率は外国株式の方が少し高めの数字であることが一般的です。両者の組み合わせ比率は、「6：4がいいのか、5：5がいいのか、正確には分からないけれども、差はあっても微差だ」というくらいの加減で決まる問題だと思っていただいて結構です。つまりは、「6対4」を維持することに厳密にこだわる必要はないということです。

よくあるご質問にいくつか答えておきましょう。

まず、「世界各国の株式の時価総額比やGDPの構成比から見ると、日本の株式の比率はもっと小さくてもいいのではないですか？」と訊かれることがよくあります。この点に関しては、「読者が将来使うお金は主に日本円なので、円に対してリスクを計測すると、これくらいのバランスでいい」とお答えしておきます。時価総額やGDPを投資比率の根拠とすべき決定的な理論が存在するわけではありません。

前記と似た質問として「全世界株式を対象とするインデックスファンド一本ではだめですか？」（日本株の比率は数パーセントになります）というものもあります。近年、日本の株価が先進国（特に米国ですが）の株価との連動性が高まって、上記の「外内、6対4」と「全世界株」の差が実質的に縮まっており、「目下、大差はありませんね。どうしても、全世界株でいきたければそれでもいいでしょう」というくらいに答えたくなるところなのですが、将来、日本株が独自の動きをする可能性がありますし、将来使うお金が日本円だとすると、為替リスクを大きく持ちたくないので、本書では、「外内、6対4」を推しておきます。

「外国の債券は要らないのですか?」あるいは「債券と株式を組み合わせた方がいいのではないですか?」というご質問も時々あります。

このご質問への回答はいくらか込み入った話になりますが、結論は、「はい。今は、外国債券は要らないし、国内債券は個人向け国債変動金利型10年満期でいいと思います」というものになります。

まず、外国為替市場は「通貨の交換比率と金利をセットでやりとりする市場」なので、外国の債券・預金等の利回りと日本の債券・預金等の利回りを、同じ通貨建て（たとえば日本円に換算したとして）で評価した場合に、見かけ上の利回りが高い外国通貨建ての債券の利回りが円建ての債券の利回りよりも高いとは言えないことが判断の前提となります。

すると、「外国債券」という資産クラスは、「為替リスクがあるのに国内債券よりもリターンが高まらない、割の悪い資産クラスだ」と考えられます。

また、債券と株式の間には、不景気になると、債券利回りが下がり債券価格が上昇する一方で、株価は下落しやすい、という傾向がしばしば存在しますが、現在の債券利回りは、内外共に非常に低く、これ以上の低下が大きくは期待できない一方で、将来インフレ率が上昇した場合には債券利回りが上昇するリスクは大きくある、といういささか歪んだ、債券投資には不利な状態にあります。

過去30年くらいのデータを見ると、内外共に長期の債券の利回りが低下してきたので、債券と株式を組み合わせた状態が上手くいくように見えるのですが、過去の一時のデータよりも、「現在既に長期金利はこれ以上下がりにくいくらい低い」現状の方を現在の運用の判断にあっては重視すべきでしょう。

過去数十年程度のデータをもって、「株式には長期的に○・○％程度のリターンが期待できる」とか、「×％（3～4％が多い）くらいのリターンなら、そう大きなリスクを取らずに実現できる」といった、過去の話をそのまま現在から近未来に当てはめようとする意見を信じてはいけません。

お金の置き場所ごとに運用商品を割り当てる

確定拠出年金（iDeCoも企業型DCも）と各種のNISAには、リスク資産を集中的に割り当てるといいでしょう。どちらも、運用期間中に利益が非課税になるメリットを持っています。自分が運用する資産の中で、期待しているリターンが高いものを集中的に集めることが得になり、合理的です。

お金の置き場所ごとの運用対象商品の決定は、まず、NISA系の運用口座から行うことが適切でしょう。各種のNISAでは、いったん購入した商品を途中で売却すると、節税しつつ運用ができる枠を売却分だけ失ってしまいます。

したがって、（1）運用資産の中でリターンが高いと期待されるもの、（2）5年間の節税運用可能期間の途中で売りたくなりにくいもの、（3）手数料ができるだけ安いもの、といった条件で運用対象を選ぶことが適切です。

一方、確定拠出年金では、運用益に対する課税について有利な運用ができる点はNISA系の口座と同じですが、原則として60歳まで運用資産を引き出せない代わりに、運用対象のスイッチングを行うことができます。換金性はともかくとして、運用対象はより柔軟に変更できます。

結局、何を選ぶか？

本書の前の版では、ＴＯＰＩＸ（東証株価指数）連動型のＥＴＦ（上場型投資信託）を一般ＮＩＳＡ口座に優先的に割り当てて、確定拠出年金の運用口座では外国株式のインデックスファンドを選ぶとよいと書きました。

運用の合計では内外の株式を両方持つなら、手数料の安いＴＯＰＩＸ連動型のＥＴＦ（確定拠出年金の運用対象にＥＴＦはありません）を主に一般ＮＩＳＡで持ち、確定拠出年金では市販の投資信託よりも手数料が安いことが多い外国株式のインデックスファンドを持つことが有利だったからです。

こうした「考え方」が正しいことは現在も変わっていません。

ところが、その後の2年間で、公募投資信託のインデックスファンドの手数料がＴＯＰＩＸ連動型も外国株式に投資するものも大幅に低下しました。そのおかげで、

ＥＴＦでも、公募の投資信託でも、確定拠出年金の商品ラインナップでも、運用管理費用に大きな差がなくなりました。

そのようなわけで、いま現在では、一般ＮＩＳＡ、つみたてＮＩＳＡ、確定拠出年金、その他の課税される運用口座のいずれにあっても、リスク資産の内訳は「外国株式のインデックスファンド６割、ＴＯＰＩＸ連動のインデックスファンド４割」で、なるべく運用管理費用が安いものを選ぶ（０・２％未満がいい）と割り切っても構わないように思われます。

なお、ｉＤｅＣｏを含む確定拠出年金では、外国株式のインデックスファンド、国内株式のインデックスファンドの運用手数料が安い２、３の商品を除いた商品は、手数料が高かったり、節税効果を十分に活かせなかったりする、不適切な商品で、筆者はこれを「地雷」と呼んでいます。商品ラインナップに「地雷」が含まれている理由を金融機関側から見ると、彼らが加入者に手数料の高い商品を選んで欲しいからですが、加入者の側では、こうした「地雷」のような商品を選ばないことが大事です。

7「無リスク資産」を個人向け国債と普通預金に

さて、運用資産全体から「リスク資産」での運用額を差し引くと、リスクなしで運用したい「無リスク資産」が残ります。

無リスク資産は、現在、「個人向け国債変動金利型10年満期」と銀行の「普通預金」（確定拠出年金の場合は元本確保型商品）に振り分けるといいでしょう。

目下の金融市場の状況と経済政策を含めた運用環境では、当面使わないお金は、個人向け国債変動金利型10年満期に置いておくことが、無難でかつ有利です。

通常は生活費の数ヵ月分程度の残高の、「当面使う可能性があるお金」は、現在、銀行の普通預金に置いて構いません。

ただし、生活費としてずるずる使ってしまわないで、計画的に貯蓄と取崩しを行うことと、「一人、一行、1000万円」の預金保険の保護範囲の上限を守ることが重要です。

最適な資産配分の基本的な考え方

さて、図28は、本書の前回の版で、最適な運用資産配分の全体像を示す例を図解したものです。

「リスク資産」と「無リスク資産」を、お金の置き場所ごとに最適に振り分けるには、この図のように、たて方向に「お金の置き場所」、よこ方向に「資産の配分」を書いて、格子状の表を作り、枠内を埋めていくと、運用口座ごとに最適な運用商品の割り当てを簡単に決めることができます。

例えば、運用資産を合計1000万円持っていて、確定拠出年金で200万円、NISAで120万円運用が可能であるとして、この人が「リスク資産」に500万円投資したいと考えたとします。

図28のような枠線を書いて、「お金の置き場所」（言わば「アセット・ロケーション」）と「資産配分」（「アセット・アロケーション」）が両立して、最も手数料と税金が安くなる組み合わせを作るといいでしょう。

図28　資産1000万円の「ある人」の運用決めの一例

（アセット・アロケーション）
資産配分

お金の置き場所（アセット・ロケーション）

	外国株式	国内株式	無リスク資産
確定拠出年金	外国株式 インデックスF 200万円		
NISA		TOPIX型 ETF 120万円	
ネット証券	外国株式 インデックスF 100万円	TOPIX型 ETF 80万円	個人向け国債 「変動10」 400万円
銀行			普通預金 100万円
（合計）	300万円	200万円	500万円

図28の事例では、リスク資産の内訳を、外国株式が３００万円、国内株式が２００万円として考えてみました。

流動性が低い一方で、広い範囲の商品の中から手数料が低廉なものを選ぶことができるＮＩＳＡで、ＴＯＰＩＸ連動型のＥＴＦに投資し、次に、確定拠出年金ではＮＩＳＡの国内株式とのバランス上、外国株式のインデックスファンドで手数料の安いものを選ぶと正解になる場合が多いと想定しました。

その上で、外国株式のインデックスファンドとＴＯＰＩＸのＥＴＦのそれぞれ目標額に足りない分をネット証券の口座で購入して保有すると、全体として「リスク資産」を合理的に持つことができます。

さらに、「無リスク資産」として、当面使わないお金４００万円を個人向け国債変動金利型10年満期に、１００万円を予備費的な意味合いで普通預金で持つことに決めたのが、このケースのでき上がり状態です。

一方、本書執筆時点では、一般ＮＩＳＡ、つみたてＮＩＳＡ、確定拠出年金の各口座で選択可能な商品の運用管理費用に大きな差がなくなりました。前述のように、公募の投資信託のインデックスファンドの手数料が下がったことが理由で、投資家に

図29　個人にとって最適な運用方法の全体像

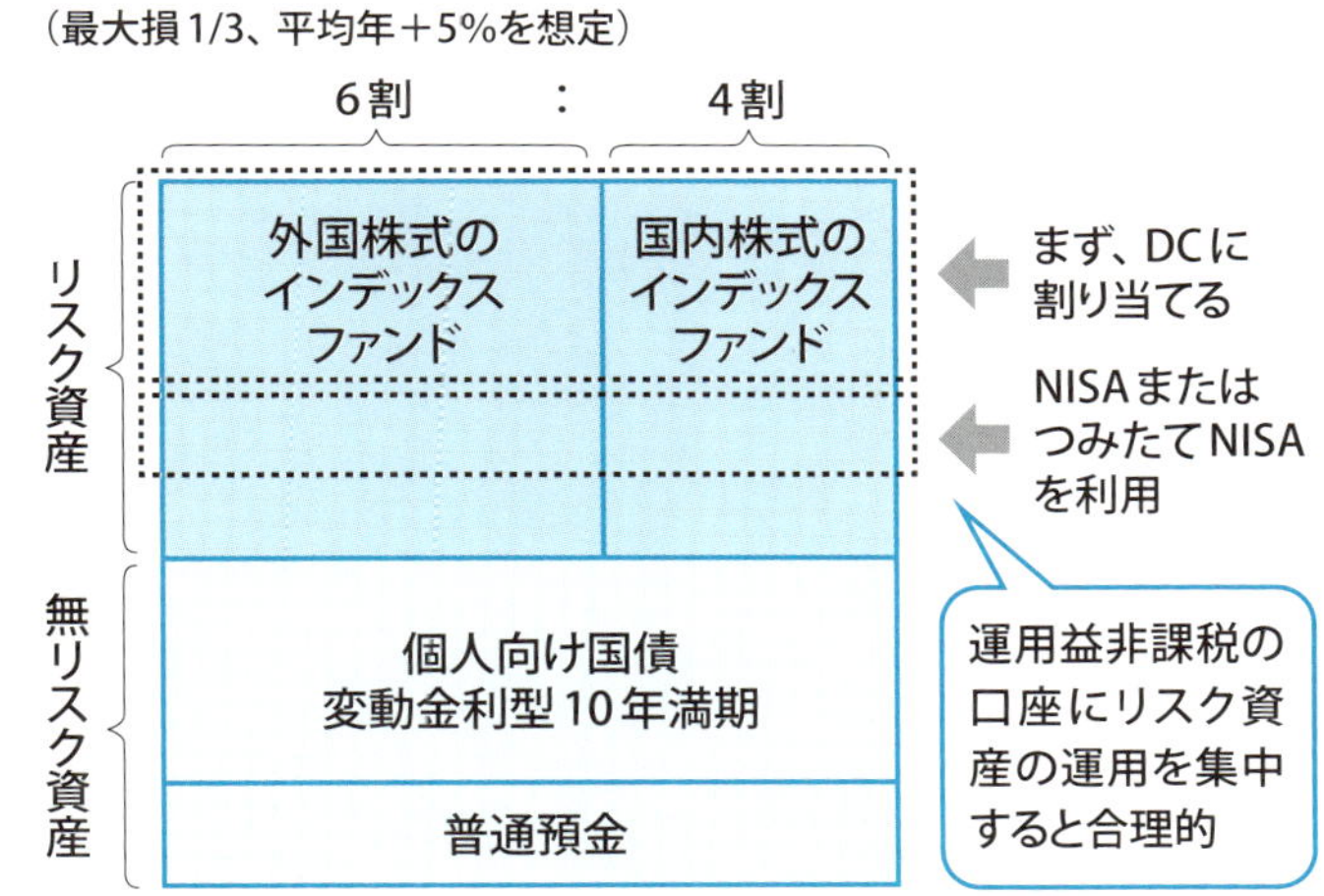

とっては好ましい変化です。

現状では、口座ごとに運用商品の割り当てを変えることに顕著なメリットがなくなったので、個人にとって最適な運用の全体像を、図29のように説明すると分かりやすいように思います。「運用の全体像をこのように組み立てるといいのだ」と理解していただくといいでしょう。

8 モニタリングとメンテナンス

いったん運用体制ができ上がると、あとは、運用の状況を時々確認する「モニタリング」と、確定拠出年金の拠出金やつみたてＮＩＳＡの積立てなどを含めた今後の貯蓄の積み上がり分を振り分けていくこと、あるいは、生活の事情や金融環境が大きく変わった時に「リスク資産」での運用額を変更するなどの、いわば「メンテナンス」の作業が、日常的に行うべきことになります。

運用のモニタリングに関しては、「余計な売り買いをしたくなるので、頻繁に資産の評価額を見たり株価を見たりしない方がいい」という意見がありますが、著者たちは、「いけないのは頻繁な売買であって、現実はよく見ておく方がいい」と考えています。

いわゆる「リスク」がどのようなもので、自分がどう感じるのか、といったことについては、現実から目をそらしていると、いつまで経っても実感を伴った理解を持つことができません。

メンテナンスを行う際に注意すること

メンテナンスに関しては、毎月積み上がっていくはずの貯金の振り分けが主な作業であって、運用の骨格を大きく変える必要が生じることは、ほとんどないはずです。リスク資産については、外国株式と国内株式のバランスが1割程度くるっても、大きな影響はありません。貯金が入ってきた時に、比率が小さい方を少し多めに買い増すくらいのことを心掛けておくだけで十分です。

メンテナンスに関して、重要な注意は、株価や為替レートが、「上がりそうだ！」あるいは「下がりそうだ！」という見通しに賭けて、「リスク資産」の額を大きく増減しないことです。

例えば、株価が「下がりそうだ！」と誰もが思うような情報があるのなら、現在の株価はその情報を反映してすでに安くなっているはずです。また、プロも含めて、「上がりそう！」あるいは「下がりそう！」という見通しは、「当たったり、外れたりが五分五分」なのが普通です。「長い目で見て勝率が5割を大きく上回る人は、まずいない」と、自分についても、他人についても考えるべきです。この点に関しては、自分に自信過剰な人も、他人の意見に影響されやすい人も、大いに心配です。

典型的には、株価が下がった時に、「まだ下がりそうだ」と考えて、投資信託などを通じて持っている株式をすべて売ってしまって、その後に買い直せないまま、株価が値上がりしてしまった、というようなケースを多々見てきました。

もちろん、結果的に株価が大きく下がったり、あるいは上がったりすることはあるのですが、**極端な調整はしない方がいい場合が多い**ことを申し上げておきます。

よほど運用に慣れた人が自分の見通しに自信を持った時であっても、運用全体の調節は、「リスク資産」投資額の1割からせいぜい2割くらいまでにしておくことが現実的だと申し上げておきます(「予想の信頼度」と「資産配分の最適化計算」との関係が絡む、少々面倒な計算が理由です)。

9 専業主婦（主夫）など、課税される所得がない人の「お金の置き場所」

例えば、給与所得者に扶養されている配偶者（主婦または主夫）のように、課税される所得のない人が、「お金の置き場所」をどうするのがいいかは、課税所得のある人と異なる可能性があります。

まずは貯蓄、次に一般NISAかつみたてNISAを

例えば、専業主婦（主夫）は、法改正によって2017年から確定拠出年金に加入できることになりましたが、こうした人の場合、確定拠出年金の所得控除のメリットはなく、運用益が非課税になるメリットだけということになるので、「60歳までお金を引き出せない」点のデメリットを考えると、**確定拠出年金よりもNISAを先に使うべきかもしれないと考えることができます。**

ただし、こうした方でも運用する資金が潤沢にある場合、ＮＩＳＡだけでなく、確定拠出年金も使って運用益非課税のメリットを活用したい場合があるでしょうし、運用の効率とは別に、配偶者と分けて自分の老後資金を確保したいと考えるケースもあるでしょう。確定拠出年金の運用資産は、将来離婚することになった場合に明確に自分のものとして確保できますし、借金などで差し押さえられることもありません。

将来働くかどうか、ということも含めて、適切なお金の置き場所は、人生設計全体と関わってくる可能性があります。

課税所得がない方は、（1）世帯単位あるいは個人単位でしっかり貯蓄を形成していくことと、（2）多くの場合、リスク資産での運用場所は先に一般ＮＩＳＡまたはつみたてＮＩＳＡを使う方が変化に柔軟に対処できる、ということの2点を強調しておきます。

また、確定拠出年金の掛け金拠出を行うことができない60歳以上の方の場合も、一般ＮＩＳＡまたはつみたてＮＩＳＡの利用を検討すべきでしょう。

付録　お金の運用、10大注意事項

貯蓄したお金の運用方法は、これまでの説明で終わりです。節税しながら運用できる機会を最大限に利用しつつ、「リスク資産」の額を適切に決めて、「外国株式のインデックスファンド」、「国内株式のインデックスファンド」に投資し、「無リスク資産」は主に「個人向け国債変動金利型10年満期」で運用すればいいのです。

しかし、運用の世界は、誘惑と誤解に満ちていて、何よりも金融業界にとっては手数料を稼ぐことができるビジネスの場です。

読者に対して、必要最小限の「シンプルで正しい運用法」をご説明するだけでなく、いくつかの注意事項を述べておく方がいいだろうと思います。

そこで、お金の運用で注意すべきことを10項目にまとめてみました。読者にとって少々耳の痛い話もあるかもしれませんが、以下の補足が、読者が「悪い運用」に引っ掛からないための「予防注射」になると幸いです。

①他人に影響されない

お金の運用で間違う危険が大きいのは、「他人に影響されて、意思決定するとき」です。

他人の中でも、何と言っても危険なのは金融機関のセールス担当者です。彼らの目的は、顧客から収益を上げることにあり、顧客を儲けさせることではありません。彼らを「敵視」する必要はありませんが、「十分な距離」を取りましょう。

金融マンに手持ちのお金を見せてはいけません。この点で、銀行は顧客のお金に関する情報を知りすぎているので、お金の運用にあっては避けたい場所です。

そして、お金の運用に関する相談は、例えば金融機関と一切関係のないファイナンシャルプランナーのような「運用商品を買う可能性のある相手ではない人」にお願いするべきです。金融機関が行う「無料相談」のような場所には近づくべきではありません。

また、お金の問題にあって危険な「他人」は、金融マンばかりではありません。**友人、知人なども、時に危険な存在になります。**友人に金融商品や金融マンを紹介された結果、大きな損をした人は数知れません。また、人間には、自分がなにか怪しいものに手を出すと、仲間を作りたくなる性質があるようです。さらに、友人・知人が運用で儲けているのを見て、羨ましくなる、というのも危険な心理状態です。

そして、収入・貯金額・運用益など、お金のあれこれは、他人と比べないことが肝心です。あくまでも自分のペースで貯蓄と取崩し、そして運用を行いましょう。

②インカム収入にこだわらない

預金の利息、株式の配当、投資信託の分配金のような現金による収入を「インカム・ゲイン」と呼びますが、インカム・ゲインにこだわることで運用を間違える場合がしばしばあります。

「高齢になると、インカム・ゲイン中心の運用がいい」とよく言われますが、これは誤りです。運用に関する判断は、投資対象の値上がり益（あるいは値下がり損）とインカム・ゲインを「合わせて」、総合的に損得を比べて行うことが大原則です。

金融ビジネスの世界では、インカム・ゲインを強調して、特に高齢者に手数料の高い商品を売りつける手口が広く見られるので、注意しましょう。

③「買い値」にこだわらない

「こだわり」といえば、株式や投資信託などの、過去の自分の買い値に対するこだわりも有害です。運用は勝ち負けのために行うものではなく、単にお金を適切な置き場所に置く行為なのだと考えましょう。

現在の株価や基準価額が、自分の買い値より、高くても、安くても、今後に向けた意思決定には原則として何の関わりもありません（注：税金対策に関係する「損出し」の売りなどの例外がありますが）。

特に、自分の買い値よりも高い値段で株式や投資信託を売ることができずに、運用がゆがむ場合が少なくないので、注意しましょう。人生の選択と同様に、運用でも、「変えられない過去」ではなく、「これから変えられる将来」だけに注目することが大事です。

④「手数料」に注意し「0・5%ルール」を守る

運用商品を売っている人、あるいは運用している人は、一体あなたの資産から、年間に何パーセントに相当する手数料を取っているのでしょうか。商品の売り手が手数料を積極的に教えてくれることはまれですが、お金の運用にあっては、この点を把握することが大事です。保険商品やデリバティブを使った仕組み商品のように、売り手が取る手数料が分からない商品がありますが、こうしたものは「すべて」運用対象から除外して下さい。

売り手側が取る手数料が分からないということは、その商品なりサービスなりを理解していないということです。例えば、貯蓄性の保険や仕組み商品（デリバティブを使った商品）のように、手数料の分からない商品にはいっさい関わるべきではないと考えましょう。大丈夫です。この種の商品は、99％以上が不適切な商品なので、見逃して惜しいということはまずあり得ません。

なお、手数料には投資信託の販売手数料や株式の委託売買手数料のように取引の際にかかる一時的なものと、投資信託の運用管理費用あるいは確定拠出年金の口座管理手数料のように期間に応じて継続的に掛かる手数料がありますが、両方を合わせて把握することが肝心です。

運用対象が株式でも債券・預金でも、さらに外国為替の為替レートでも、資本市場では、市場の参加者が、売り手・買い手共に納得する条件でフェアな価格を形成するのが原則です。このフェアな価格で取引する限り、その時点では損も得もないと考えられますが、運用商品の手数料は、いわば「フェアな取引条件に対する距離」であり、同時に「確実なマイナス・リターン」です。特に運用商品を評価する際には、手数料が最も重要な評価ポイントです。

「インカム・ゲイン」と「買い値」にはこだわってはいけないと申し上げましたが、「手数料」には徹底的にこだわるべきだと申し上げておきます。

具体的には、序章でご紹介した「0・5%ルール」を守ると、「悪い人間」も遠ざけることができるので一石二鳥のメリットがあります。

⑤「３大ダメ商品」を避ける

近年、金融庁は、以前よりも消費者寄りの立場から金融機関を監督するようになりました。その金融庁が、２０１６年９月に出した「金融レポート（平成27事務年度版）」の中で、投資家にとっての適性や実質的な手数料の高さなどから問題にした商品群が３つあります。

それは、

（1）毎月分配型など頻繁に分配金がある投資信託
（2）ラップ運用
（3）貯蓄性の生命保険（主に外貨建て）

の３商品です。

これらは、いわば、金融庁認定のダメ商品と言いたくなるような商品群であり、著者たちも、これらの商品の「すべて」がダメだと考えています。この見解は、前版の出版時からいささかも変わっていません。

毎月分配型の投資信託は、そもそも税金の面で合理的な運用商品ではありませんし、高い分配金を出すために運用がゆがんでいる商品が多く、手数料も高すぎます。

ラップ運用とは、売買手数料も含めてあらかじめ年単位で手数料が包括的に決まっていて、専門家が投資家に合った運用を行ってくれるという触れ込みの運用サービスで、証券会社と信託銀行で取り扱いがあります。しかし、①手数料が高すぎるし、そもそも無駄であること、②ラップ口座の中で運用管理費用が高い運用商品が選ばれる傾向があること、③金融マンが顧客本人以上に「顧客にとって適切な運用」を考える能力などないこと、の3点から避けるべきサービスです。しかし、近年の金融機関はラップ運用の営業に力を入れているので注意しましょう。

また、現在、日本の金利が低いため円建ての保険商品の設計が難しくなっていて、貯蓄性の保険の多くは外貨建ての個人年金保険や終身保険ですが、実質的な手数料が投資信託よりも高く、話にならないくらい劣悪な商品です。

3商品とも、近年の低金利で融資や債券投資で十分な利益を得られなくなった金融機関が販売に力を入れているものです。個人投資家にとっては、金融機関がこうした悪徳商品の販売に力を入れることが、低金利政策の最大の弊害かもしれません。

⑥高齢者が運用の際に注意すべき3ヵ条

高齢者がお金の運用で気を付けるべきことを、3ヵ条として申し上げます。

第1条　運用に歳を取らせる必要はない
第2条　お金の問題を「人」で判断しない
第3条　判断力を失う場合に備える

先に、インカム・ゲインにこだわるなと申しましたが、高齢者だからといって、特別な運用方法があるわけではありません。適切な大きさのリスクを取って、もっとも効率良く運用する、という基本は、年齢や投資経験に関係なく共通です。老人風（？）の運用を心掛けて、「運用にまで歳を取らせる」必要はありません。ちなみに、世界一有名な投資家と言っていい、米国のウォーレン・バフェット氏は、2019年9月現在89歳ですが、現役の投資家です。

高齢の投資家にあってしばしば問題なのは、運用の商品や方法の良し悪しを自分で判断するのではなく、金融機関の担当者などの「人」に対する判断で決めようとすることです。話し相手になってくれる金融機関の担当者などに対して、「あの人は、いい人だから」、「あの人は、優秀だから」などと言って、お金の運用の判断を任せてしまうのが、よくある失敗のパターンです。

そもそも、自分が他人のことを評価できると思うのは自信過剰ですし、「優秀」で「まじめ」な相手ほど恐ろしいのが、金融の世界です。

自分が「ものごとを、人で判断しようとしているのではないか」ということに気付いたら、気を引き締め直して下さい。

また、高齢になると、記憶が薄れたり、認知症が急に進んだり、あるいは急死したりすることが、起こりやすくなります。例えば、銀行にある預金を10年以上放置すると、休眠預金として扱われて、最悪の場合、遺族などが見つけることができぬまま銀行に没収されてしまいます。

お金の置き場所については、家族などの間である程度情報を共有しておくといいでしょう。「自分が判断力を失うことがあるかもしれない」という可能性を考えるのは、楽しいことではありませんが、必要なことです。

なお、親の認知症が進んだ時に、取引金融機関の要請などで安易に後見人の選任を家庭裁判所に申請すると、子どもが自分を自薦しても、弁護士や司法書士などの、職業後見人を付けられる場合があり、財産の扱いがひどく不自由になったり、多額の費用がかかったりする困った状況に陥る場合があるので注意しましょう。

対策としては、本人の意思がしっかりしているうちに、子どもなど家族の中で信頼できる人を決めて、財産管理等委任契約を、必要がある場合には任意後見に移行する契約とセットであらかじめ作っておくといいでしょう。いきなり職業後見人を付けられるケースを防ぐことができます。また、不動産など、管理の対象がはっきりした大きな資産がある場合には、家族間の信託契約が有効な場合もあります。

高齢期の資産の管理は、リタイアに至る前の「高齢準備期」、リタイア後に自分でお

図30　高齢期3段階のポイント

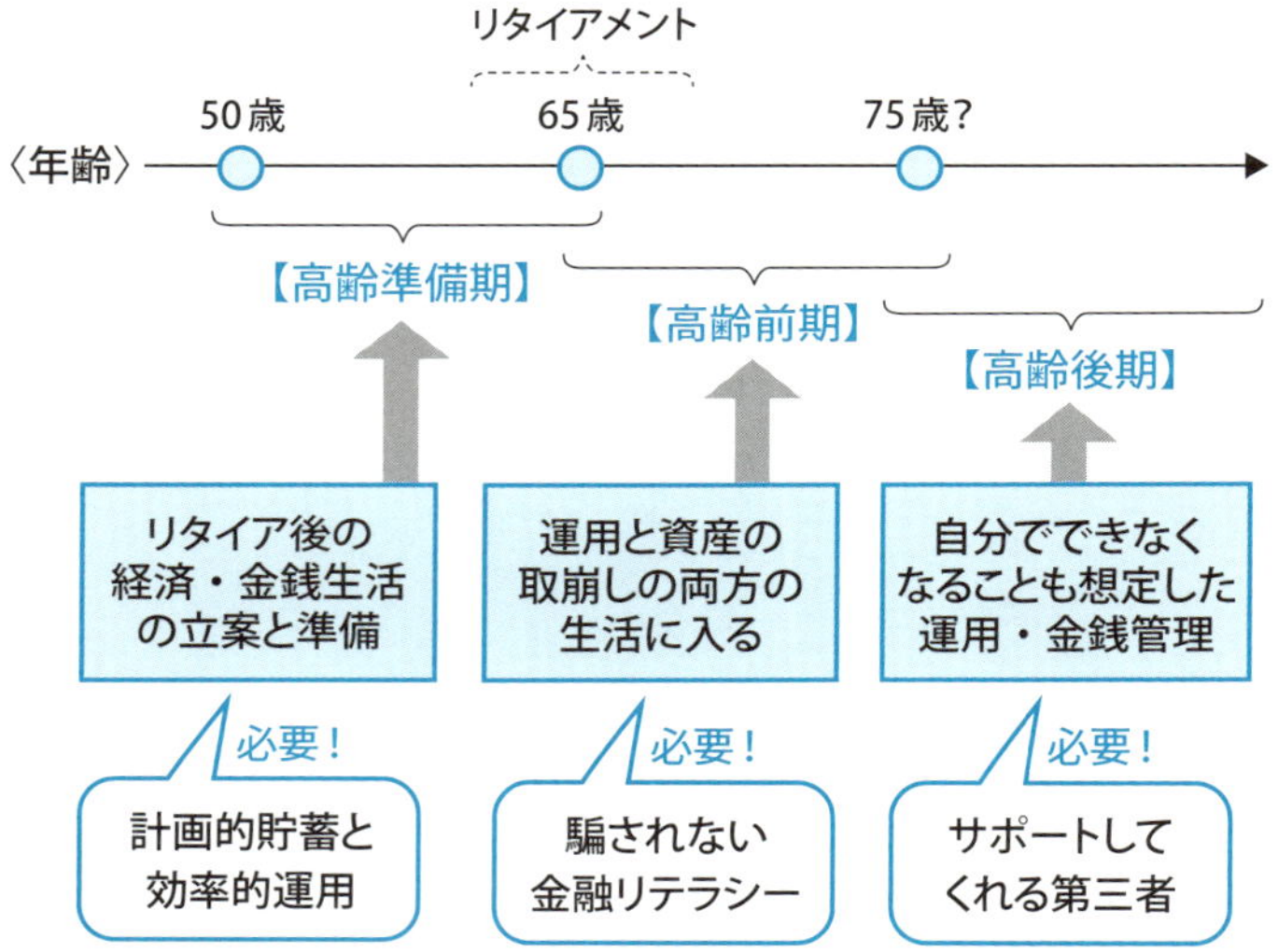

金の判断ができる「高齢前期」、認知症などで自分で自分のお金の判断ができなくなる可能性を考えるべき「高齢後期」の3つの時期に分けて考えることが有益でしょう。

それぞれの時期のポイントと課題を図30にまとめておきました。参考にして下さい。

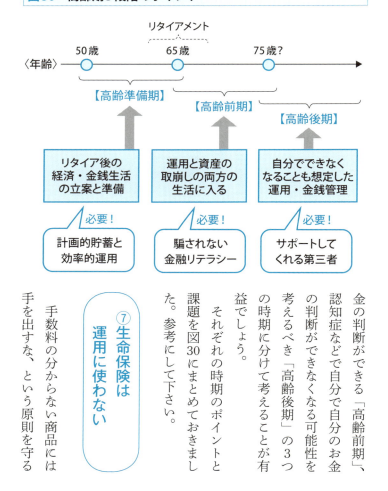

⑦生命保険は運用に使わない

手数料の分からない商品には手を出すな、という原則を守ると避けられるはずですが、生命保険は運用に使うべきではありません。個人年金保険も、終身保険も、学資保険も、運用商品としての条件が不利です。

また、保険は原則として掛け捨ての商品を選ぶべきです。満期に返戻金が返ってくるような貯蓄性のある商品は、保障に加えて、貯蓄・運用に対しても手数料を払っているということなので、掛け捨ての保険よりも損です。

なお、本書では、生命保険について詳しく触れていませんが、生命保険が是非必要なのは、経済的備えの乏しい夫婦に子どもが生まれたとき、一家の稼ぎ手が一時的に入る掛け捨ての死亡保障保険だけです。

がん保険を含む医療保険も、健康保険に入っていれば、入る必要がありません。保険に払えるお金があれば、貯蓄に回すべきです。

⑧為替・商品相場は「投機」と割り切る

株式や債券にお金を投じることは、お金を経済活動に参加させる「投資」ですが、外国為替取引や商品相場に参加することは、市場参加者同士の見通しの違いに賭ける

「投機」です。

投機自体が「悪い」というわけではありませんが、原則として、リスクを取っても期待できるリターンはゼロで、加えて何らかの手数料がかかる、割の悪い「ゼロサム・ゲーム」（参加者の損益の合計がゼロのゲーム）です。

FX取引（外国為替証拠金取引）、金投資を含む商品相場への参加などは、長期的な資産形成には不向きな「投機」です。ゲームだと割り切って楽しむ分には構いませんが、資産を形成する運用手段だとは思わない方がいいでしょう。

⑨不動産購入は慎重に

自分が住む家を含めて、不動産を買うか借りるかは、「住宅価格が十分安ければ買ってもいいが、高ければ買わない方がいい」というのが大原則です。

時に「自宅は特別だ」と言う人がいますが、正しくありません。自宅は、「自分が店子である、不動産物件への投資」に過ぎません。持ち家であっても、転勤、転職、家族構成の変化、子どもの都合による引っ越しなど、将来転居が必要になる「空室リスク」があります。

人生の問題解決に「引っ越し」が有力な武器になることはしばしばあり、固定された持ち家よりも「賃貸住まいの自由度」がまさる場合がしばしばあることも、考慮に入れておきましょう。

原則は「十分安ければ、買ってもいい」ということなので、この条件が整うなら家やマンションを買うのは構いませんが、多額のローンを組んで住居を高い価格で買い、経済的に不利や不自由な状況に陥っている人をよく見かけます。一般的な傾向として、「持ち家」に対する志向が過剰であるように思えるので、「不動産の購入は慎重に！」と申し上げておきます。

特に、「投資用」として業者が紹介する物件には、業者の利益分が価格にたっぷり入っているので、不利です。金融資産の運用でも、インデックスファンドや個人向け国債のような、本当にいい商品は、金融マンがめったに紹介しないことを思い出して下さい。

⑩運用をあてにしない

最後に、本書では何度も述べていますが、運用の利益をあてにして、計画的な貯蓄と取崩しの必要性を軽視しないことが重要です。

「普通の人」にとっては、より大事なのは「運用」よりも「貯蓄」だ、と最後にもう一度申し上げておきます。

人生には、お金よりも大切なことが、たくさんあります。

読者には、お金の心配に気を取られずに、人生をより有意義なものにすることに集中して欲しい。著者たちは、そのことを強く願ってこの本を著しました。

どうぞ、本書を、お役に立てて下さい。

あとがき

「人生にお金はいくら必要か」という本書の旧版の書名を、著者たち（以下「われわれ」）は大変気に入っていました。人のお金に対する関心に端的に向き合うタイトルであることがその理由です。

その本を、必要が生じたときに丁寧に改訂して、長く読んでもらいたいと思っていましたが、前著発行から2年目という早いタイミングで改訂版を送り出すことができたことは、われわれにとっても少々意外な展開でした。

2019年に発生した「老後資金2000万円問題」で世間にお金の扱い方に対する関心が高まったことと同時に、今こそ本書の内容を広く届けることに価値があるとわれわれ自身が大いに発奮しました。問題の経緯に感心しない点があったのは序章で述べた通りですが、本書を改訂して読者に届けるきっかけを作ってくれた点については、この問題に感謝すべきなのかもしれません。

結果として、旧版で書き足りなかったことや、その後の事実について大幅に書き足すことができて、われわれとしてはより満足な本ができ上がりました。

もっとも、本書の中核をなす人生設計の基本公式の実用性や、資産形成の際の手順と基本的な考え方のような、本書の大きな内容については、いっさい変更の必要性を感じなかったことを申し添えておきます。

さて、本書の執筆分担について述べておきます。

本書は、山崎元と岩城みずほの共著であり、二人が共同の責任を負うものです。書かれている内容について、二人の意見は一致していることを申し上げておきますが、旧版の改訂と大幅な加筆にあたっては、それぞれの得意分野に従って作業の分担を行いました。

「老後資金2000万円問題」を総括した序章は山崎が、人生設計の基本公式の仕組みと使い方を説明した第1章は、前半を山崎が、後半を岩城が主に担当して共働で執筆しました。

今回の改訂で大きく追加された公的年金額の推定方法を含み、ケース別に人生設計の基本公式の使い方を説明した第2章は、岩城が執筆しました。FP（ファイナンシャル・プランナー）としての岩城のコンサルティング経験が大いに生かされています。

お金の運用を扱った第3章は山崎が担当しました。個人向けの資産運用の方法について、山崎は過去に何度も本や記事を書いていますが、最新の見解をコンパクトにまとめた内容になっています。

それぞれの執筆パートの文章の調子は、あえて調整していません。山崎の担当部分は評論家的で分析的な文章になっているかもしれませんし、岩城の担当部分には相談を受けるFPならではの優しさが表れているかもしれません。読者には、執筆者の個性を楽しんでいただけたら幸いです。

本書は、「東洋経済オンライン」で山崎・岩城の記事を担当している福井純氏の橋渡しによって企画されました。また、担当編集者の岡田光司氏の折々の適切なアドバイスと献身的な作業がなければ、出版に漕ぎ着けることはできなかったでしょう。福井、岡田両氏に感謝を述べたいと思います。

そして、もちろん本書を手に取って下さった読者に大いに感謝していることは、言うまでもありません。本書が読者のお金の問題を解決し、読者がより良い人生を送る一助になれば、われわれにとってこれに勝る喜びはありません。

2019年9月吉日

山崎元
岩城 みずほ

【著者紹介】
山崎　元（やまざき　はじめ）
経済評論家、楽天証券経済研究所客員研究員、株式会社マイベンチマーク代表。1958年北海道生まれ。1981年東京大学経済学部卒業、三菱商事に入社。その後、野村投信、住友生命保険、住友信託銀行、シュローダー投信、NBインベストメントテクノロジー、メリルリンチ証券、パリバ証券、山一證券、第一勧業朝日投信投資顧問、明治生命保険、UFJ総合研究所と、12回の転職を経て現職。資産運用及び経済全般の分析・評論を専門とする。『ファンドマネジメント』（きんざい）、『全面改訂　超簡単　お金の運用術』（朝日新書）、『確定拠出年金の教科書』（日本実業出版社）、『難しいことはわかりませんが、お金の増やし方を教えてください！』（文響社）など著書多数。

岩城みずほ（いわき　みずほ）
ファイナンシャルプランナー、CFP®認定者、特定非営利活動法人みんなのお金のアドバイザー協会代表理事。金融商品を一切販売せず、フィデューシャリー・デューティー（お客様の利益のみを考えて業務を行う）を遵守し、コンサルティングほか、講演、執筆を行っている。慶應義塾大学卒業。NHK松山放送局を経て、フリーアナウンサーとして活動後、会社員を経てFPとして独立。東洋経済オンライン、マネー現代、毎日新聞経済プレミア、日本経済新聞「家計のギモン」、マネーの達人、wezzyなどで連載中。『やってはいけない！老後の資産運用』（ビジネス社）、『「保険でお金を増やす」はリスクがいっぱい』（日本経済新聞出版社）、『腹黒くないFPが教えるお金の授業』（三笠書房）など著書多数。

人生にお金はいくら必要か〔増補改訂版〕

2019年11月7日発行

著　者――山崎元／岩城みずほ
発行者――駒橋憲一
発行所――東洋経済新報社
〒103-8345　東京都中央区日本橋本石町 1-2-1
電話＝東洋経済コールセンター　03(6386)1040
https://toyokeizai.net/

装　丁…………秦浩司（hatagram）
ＤＴＰ…………アイランドコレクション
印　刷…………廣済堂
編集担当………岡田光司
　Printed in Japan　ISBN 978-4-492-73353-0